Mein liebstes Low-Carb-Backbuch

55 traumhafte Rezepte
von süß bis herzhaft

systemed

Inhalt

Vorwort 3
Backen und Low Carb: Wie geht das zusammen? 6
Mein Happy-Carb-Prinzip 9
Low-Carb-Backen – Zutaten und Tipps 12
55 traumhafte Rezepte von süß bis herzhaft 26
Süßes Frühstück – nahrhaft und lecker 27
Rührkuchen sind immer beliebt 35
Lieblingskuchen ganz Low Carb 54
Gebackene Kleinigkeiten, so sweet 75
Ei verditscht – herzhafte Backwaren für alle 91
Brot und Brötchen wie vom Bäcker 105
Rezeptübersicht 122
Zutatenregister 124
Über die Autorin 127

Vorwort

VORWORT

Wow, Sie halten gerade ein Buch in der Hand, von dem ich noch vor drei Jahren steif und fest behauptet hätte, dass es dieses Backbuch nie geben wird. Sag niemals nie oder: Manchmal kommt es doch anders als gedacht.

Denn auch wenn man die »Low-Carb-Nachbauten« häufig kritisiert, weil sie gelegentlich sehr kalorienreich sind und dazu wenig förderlich, alte Essensgewohnheiten loszulassen, habe ich festgestellt, dass das dauerhafte Low-Carb-Leben einfach sehr viel schöner ist, wenn hin und wieder ein Stück Bienenstich das Kaffeekränzchen versüßt oder beim gemütlichen Wochenendfrühstück entspannt ein Brötchen aufgeschnitten wird.

Am Ende wollte ich doch alles und Verzicht ist nun mal nicht mein Ding. Aber wohl wissend, dass gerade bei den Backwaren auch Low Carb immer etwas maßzuhalten ist, dann klappt es mit Brot und Kuchen und der schlanken Taille.

So wandelte ich mich in den letzten Jahren zu einer immer begeisterteren Low-Carb-Backfee und die Nachfragen meiner Leser/innen wurden immer energischer und lauter, wann denn nun endlich die beliebtesten Backrezepte des Happy-Carb-Blogs und jede Menge neuer gebackener Rezeptideen in Buchform veröffentlicht werden würden.

Und voilà, hier ist es: mein liebstes Low-Carb-Backbuch für alle kohlenhydratreduziert lebenden Menschen, die auf richtig gutes Brot und tolle Kuchen nicht verzichten wollen und zum Glück auch nicht müssen. Hier wird Ihnen geholfen und Low-Carb-Backträume werden wahr.

Sie finden im Buch Süßes und Herzhaftes, garantiert alles selbst von mir getestet und für gut befunden. Die Rezepte des Blogs sind alle x-fach von meinen Leser/innen erprobt und gelobt. So tummeln sich Zitronenkuchen, Bienenstich und Mandelecken neben Käsestangen, Vesperbrötchen und Krustenbrot und warten darauf, von Ihnen nachgebacken zu werden. Werfen Sie also nun den Backofen an und schlüpfen Sie schnell in Ihre Küchenschürze.

Viel Freude mit meinen Backrezepten und nicht vergessen: Backen macht glücklich und entspannt und, wenn Sie nicht zu große Mengen davon essen, dank Low Carb sogar schlank.

Ihre

Bettina Meiselbach

Backen und Low Carb: Wie geht das zusammen?

BACKEN UND LOW CARB: WIE GEHT DAS ZUSAMMEN?

Als ich 2013 meine Ernährung auf Low Carb umgestellt habe, in der Folge fast 60 Kilogramm Gewicht verlor und meine Diabetes-Typ-2-Erkrankung in die Schranken wies, standen in erster Linie große Mengen an Gemüse, kombiniert mit Eiweißbausteinen und einiges mehr an Nahrungsfett, auf dem Tisch, als das früher der Fall war. Mein eigenes Happy-Carb-Prinzip (siehe Seite 9) war mein Weg, um langjährige Gewichtsprobleme in den Griff zu bekommen. Die Kilos purzelten und ich wurde mit meiner neuen Ernährungsweise immer glücklicher. Backwaren spielten während der Phase des Gewichtsverlustes eine eher untergeordnete Rolle und waren nur an den Wochenenden Bestandteil meines Speiseplans, da dann aber mit Freude und Genuss.

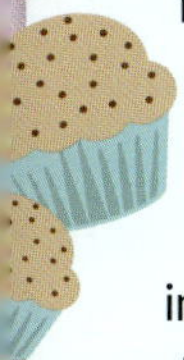

Von Anfang an hatte ich für mich persönlich erkannt, dass die doch meist kalorienreichen Low-Carb-Backwaren, häufig auch etwas weniger nett »Nachbauten« genannt, daran hindern, alte Gewohnheiten loszulassen und die Gewichtsabnahme stockend verläuft, wenn zu viel von den verführerischen Leckereien geschmaust wird. Jeder weiß, wie nervig es ist, wenn man sich um Gewichtsverlust bemüht und dann auf der Waage nichts passiert oder der Zeiger der Waage sich im Schneckentempo nach unten bewegt.

So wie früher klappt nicht mehr!

Nun endet jede erfolgreiche Abspeckkur irgendwann und der Fokus wandert zurück auf eine Ernährung, die langfristig Spaß macht und ausreichend Genuss verspricht. Gleichzeitig funktioniert so wie früher nicht mehr, denn nach 30 Jahren Diätkarriere war mir klar, wie fragil der Erfolg ist und dass ich langfristig bei meiner Low-Carb-Ernährung bleiben will und muss.

Jetzt wieder anfangen und mit »normalen« Backwaren den Blutzucker Zickzack tanzen lassen, wieder mit dauerndem

Heißhunger kämpfen und in eine Spirale hineinstolpern, die mich unweigerlich wieder dicker gemacht hätte als zuvor? Ganz sicher nicht und mir war klar, dass, wenn ich langfristig mein Gewicht erhalten möchte und gleichzeitig den einen oder anderen Genuss in Form von Kuchen und Co. genießen will, es Rezepte braucht, die den früheren Backwaren in nichts nachstehen, aber trotz gelegentlicher Schlemmereien mein zuckerhungriges Heißhungertier nicht wieder zum Leben erwecken.

Also legte ich los und bin heute stolz, dass ich eine ganze Reihe von wunderbaren Rezepten entwickelt habe, die wirklich nichts mit Verzicht zu tun haben, denn wenn Sie meine Low-Carb-Kuchen auf ein buntes Kuchenbuffet stellen, dann merkt niemand, dass hier ohne Weizenmehl oder Haushaltszucker gebacken wurde. Im Gegenteil kommen in der Low-Carb-Bäckerei Zutaten zum Einsatz, die Ihnen mehr Ballaststoffe, mehr Eiweiß und mehr gutes Fett in leckerster Form präsentieren.

LOW-CARB-BACKEN MACHT GLÜCKLICH

Genießen Sie die traumhaften Backwaren, denn dafür sind sie da. Donauwelle (Seite 72) macht sicher nicht schlank, aber, hin und wieder gegessen, sehr glücklich. Und sich am Wochenende auf der sonnigen Terrasse ein leckeres Nussbrötchen (Seite 111) mit zuckerfreier Marmelade zu bestreichen, sorgt für einen fröhlichen und entspannten Start in den Tag.

Meckern und Bienenstich harmonieren nicht!

So gehen Backen und Low Carb nämlich sehr gut zusammen und wer etwas anderes behauptet und sagt, Low-Carb-Backwaren schmecken nicht, den überzeuge ich mit meinen Rezepten vom Gegenteil.

Tun Sie es mir gleich, backen Sie mit Liebe und werden Sie ein Glückspilz!

Mein Happy-Carb-Prinzip

MEIN HAPPY-CARB-PRINZIP

Als ich mich mit den unterschiedlichen Low-Carb-Varianten beschäftigt habe, hat mir überall etwas zugesagt und anderes fand ich blöd. Also habe ich mir meine eigenen Regeln gemacht, mit denen ich erfolgreich abgenommen und gleichzeitig meine Diabetes-Typ-2-Erkrankung in die Schranken gewiesen habe.

Bunt, gesund und sehr flexibel. So funktioniert Happy Carb:

Kohlenhydrate einschränken auf eine Menge von 50–100 Gramm pro Tag.

Bevorzugt essen: Reichlich buntes Gemüse und Salat, gelegentlich Hülsenfrüchte wie Linsen, Bohnen und Kichererbsen, zuckerarmes Obst in kleinen Mengen, Haferkleie und daraus hergestellte Backwaren.

Vermeiden zu essen: Getreideprodukte, Weizen, Dinkel, Roggen, Hafer (außer meiner geliebten Haferkleie), Nudeln, Backwaren, Reis, Kartoffeln, Mais, verschiedene Zucker/arten (enden auf -ose), Bananen, Trauben, Trockenobst, Süßigkeiten und ewig haltbare Fertiggerichte mit langen Zutatenlisten.

Eiweiß reichlich essen in einer Menge von 1–1,5 Gramm Eiweiß pro Kilogramm Normalgewicht (Körpergröße in Zentimetern minus 100).

Das Eiweiß in Form von »magerem« Fleisch (auf das Fett zumindest während der Abnehmphase wegen der eingeschränkten Energiezufuhr achten) und jeder Sorte Fisch (dabei regelmäßig fetten Fisch wegen der Omega-3-Fettsäuren) verzehren. Milchprodukte so fett, wie es der gute Geschmack erfordert. Finger weg von Lightprodukten. Eier und auch ein hochwertiges Eiweißpulver als Zutat in der Küche erhöhen die Zufuhr an gesundem Eiweiß. Keine Angst davor.

Gute Fette genießen, circa 1–1,5 Gramm pro Kilogramm Normalgewicht (Körpergröße in Zentimetern minus 100).

Bevorzugen: Olivenöl, Kokosöl (Kokosprodukte), Avocados, Butter aus Weidemilch, Nüsse – besonders Macadamias – und Nussöle, natives Bio-Rapsöl, Leinöl.

Reduzieren: Sonnenblumenöl, Sojaöl, Maiskeimöl, Distelöl, Traubenkernöl.

Vermeiden: Transfette und industriell verarbeitete gehärtete Fette, die häufig in Fertigprodukten vorkommen.

Sie sehen schon anhand der Bandbreite bei den Makronährstoffen, dass genügend Spielraum da ist, die Ernährung abwechslungsreich und bunt zu gestalten. Kein Tag muss wie der andere aussehen. Eine bunte Palette von Lebensmitteln können in den Speiseplan integriert werden.

Auch können Sie über die Stellschrauben Kohlenhydrate und Fett die Kalorienzufuhr in Richtung Gewichtsverlust oder eben auch in Richtung Gewichtserhaltung drehen.

Mir war einfach wichtig, dass die Ernährung durch die Einhaltung dieser schlichten Regeln sich automatisch sinnvoll gestaltete, ohne dass ich mich selbst mit ständigem Überwachen der Nährwerte und der Energiezufuhr terrorisieren musste. Das Leben bietet doch schönere Dinge, als das eigene Dasein permanent zu überwachen und zu optimieren.

Viel Freude bei der Umsetzung!

Low-Carb-Backen – Zutaten und Tipps

LOW-CARB-BACKEN – ZUTATEN UND TIPPS

Als Low-Carb-Bäcker/in arbeiten Sie mit anderen Zutaten, als Sie das von früher kennen. Inzwischen gibt es eine Vielzahl von unterschiedlichen kohlenhydratarmen Mehlersatzprodukten und auch eine ganze Reihe von zuckerfreien Süßmitteln. Erfreulicherweise sind die Produkte inzwischen flächendeckend gut im Handel zu bekommen und die Ausrede, dass es alles nur im Internet gibt, zieht zum Glück nicht mehr. Nur noch wenige Zutaten sind ausschließlich über das Internet zu beziehen und selbst das stellt heutzutage keine echte Hürde dar.

Um wirklich gut Low Carb zu backen, braucht es eine Auswahl an Zutaten, die gerade zu Beginn umfangreich wirkt. Aber wenn Sie berücksichtigen, wie viele Zutaten und unterschiedliche Mehle sich früher im Küchenschrank versteckt haben, dann ist das heute ähnlich, nur die Namen der Zutaten ändern sich. Unterschiedliche Geschmäcker und Konsistenzen erzeugt man nur durch verschiedene Zutaten und nicht durch einen Einheitsbrei. Übrigens: Alle Zutaten, die ich hier im Buch verwende, nutze ich immer und immer wieder. Und wenn nicht hier im Buch, können Sie auf meinem Blog www.HappyCarb.de jederzeit über die Suchfunktion weitere Rezepte suchen, um Ihre Zutaten lecker aufzubrauchen.

Bedenken Sie bei der Anschaffung der Backzutaten, dass Low Carb eine langfristige Ernährungsumstellung ist und über die Zeit eine schöne Auswahl an Zutaten in den Haushalt wandert, sodass Sie irgendwann aus dem Bestand fast jedes Rezept von mir spontan ausprobieren können.

Auch wenn Ihnen der Sinn nach Abenteuer steht, entfernen Sie sich bitte nicht zu weit von den Rezepten und meinen Empfehlungen, was die Zutaten angeht. Gelegentlich liegen zwischen einem saftigen und lockeren Kuchen und einer Betonmischung eines Teiges nur einige Gramm einer einzelnen Zutat. Mit etwas Erfahrung können Sie mutiger werden, aber bis dahin braucht es Genauigkeit und vergleichbare Zutaten.

Süß in der Low-Carb-Bäckerei

In meinen Rezepten verwende ich vorzugsweise **Erythrit** (Zuckeralkohol mit 70 Prozent Süßkraft im Vergleich zu Haushaltszucker) und kombiniere das etwas kühle, zur Kristallisation neigende Süßmittel gerne mit einem **Stevia-Streupulver mit Erythrit** (mit der doppelten Süßkraft von Zucker). Für Zuckerguss eignet sich übrigens pulverisiertes Erythrit besser, denn sonst knirscht es nach dem Auskühlen wegen der Kristalle. Wer eine passende Küchenmaschine besitzt, kann **Puder-Erythrit** auch ganz leicht selbst herstellen, man kann es aber auch fertig kaufen. Erythrit ist gut verträglich und schont die Zähne. Als Ersatz für diese beiden häufig eingesetzten Süßmittel kommt **Xylit/Birkenzucker** (100 Prozent Süßkraft im Vergleich zu Zucker) infrage. Ersetzen Sie Erythrit durch Xylit, indem Sie nur 70 Prozent der Menge abwiegen, und ersetzen Sie das Stevia-Streupulver durch Xylit, indem Sie die doppelte angegebene Menge zufügen. Bitte beachten Sie, dass Xylit im Gegensatz zum kalorienfreien Erythrit immerhin über 2,4 Kilokalorien pro Gramm verfügt und mit einer kleinen, aber vorhandenen Blutzuckerwirkung in den Kuchen kommt. Falls bei Ihnen ein Hund im Haushalt wohnt, dann bitte aufpassen, denn Xylit ist für Hunde tödlich!

Kohlenhydrathaltige Süßmittel wie Yaconsirup und Kokosblütensirup oder -zucker nutze ich wegen der vielen Kohlenhydrate nur in kleinen Mengen, also eher wie ein Gewürz oder um Hefe zum Gehen zu bringen. Sie können die aromatischen natürlichen Süßmittel auch untereinander tauschen, je nachdem, was Sie im Laden bekommen oder was bereits im Schrank schlummert.

Neben den »natürlichen« Süßmitteln verwende ich auch künstliche Süßstoffe in kleinen Mengen in Form von zuckerfreiem aromatisiertem Sirup oder als Zusatz in Eiweißpulver. Wenn das nichts für Sie ist, dann können Sie diese Produkte aber auch einfach durch andere Süßmittel ersetzen. Was nicht funktioniert, ist der Austausch von Erythrit durch Süßstoff, denn das zuckerähnliche Erythrit hat wesentlich mehr Masse und Süßstoff nur einen Bruchteil an Volumen, was den Austausch schwierig macht.

Die Welt der Nuss- und Saatenmehle

Basis für die meisten Low-Carb-Backwaren sind **Mehle, die aus Nüssen oder Saaten** hergestellt sind. Häufig ein Produkt aus der Ölproduktion, werden die Presskuchen fein vermahlen und dann als Mehl verkauft. Die Low-Carb-Mehle punkten alle durch wesentlich weniger Kohlenhydrate als Weizenmehl. Im Gegenzug bringen die Mehle wertvolles pflanzliches Eiweiß, reichlich Ballaststoffe und gesunde Fette in Brot und Brötchen hinein. Es gibt eine Reihe von Mehlen, die Sie sehr gut untereinander tauschen können, weil es wegen der meist kurzen Haltbarkeit sinnvoll ist, immer nur ein oder zwei Mehle gleichzeitig offen zu haben und regelmäßig zu wechseln, denn jedes Mehl verändert natürlich den Geschmack des Backwerkes und gibt ihm eine produktspezifische Note.

Folgende entölte Mehle können Sie von den Backeigenschaften her problemlos gegeneinander tauschen:

Goldleinsamenmehl,
Leinsamenmehl,
Walnussmehl,
Sesammehl,
Hanfmehl,
Kürbiskernmehl,
Traubenkernmehl (in kleinen Mengen einsetzen).

Beim **Mandelmehl** unterscheide ich in meinen Rezepten zwischen **entöltem Mandelmehl** und **nicht entöltem Mandelmehl**.

Beim entölten Mandelmehl, das je nach Produkt auch als teilentöltes Mehl im Handel erhältlich ist, handelt es sich um den fein vermahlenen Presskuchen aus der Mandelölherstellung. Entöltes Mandelmehl hat ein feines Aroma, punktet durch wenige Kohlenhydrate und verfügt über einen Fettgehalt von 7–12 Prozent. Ich verwende in den Rezepten immer helles Mandelmehl, also ohne die dunkle Mandelhaut, was gerade bei Kuchen optisch appetitlicher ist. So wunderbar entöltes Mandelmehl bei süßen Backwaren ist, umso vorsichtiger muss man bei herzhaften Backwaren sein. Entöltes Mandelmehl entwickelt nach dem Backen ein leicht marzipanartiges Aroma, was in herzhaftem Brot störend wirkt. Daher eignet sich das entölte Mandelmehl nicht pauschal als Austausch für die herzhaften Mehle.

Das nicht entölte Mandelmehl enthält noch das natürliche Fett der Mandeln von etwa 55 Prozent. Es handelt sich im Prinzip um sehr fein gemahlene blanchierte Mandeln, daher kann im Austausch auch auf ein entsprechendes Produkt aus dem Backregal zurückgegriffen werden, wo meist lediglich die Körnung etwas gröber ist, was aber in der Regel kein Problem darstellt.

Sehr aromatisch ist das **teilentölte Macadamiamehl**, das nicht nur eine tolle Farbe hat, sondern auch einen wunderbaren Geschmack. Es ist eines der Low-Carb-Mehle, die es aktuell tatsächlich nur im Internet gibt. Etwas fetthaltiger, kann das Mehl auch durch eine Mischung von entöltem (!) und nicht entöltem Mandelmehl ausgetauscht werden oder Sie können bei herzhaften Backwaren Goldleinmehl mit nicht entöltem Mandelmehl im gleichen Verhältnis mischen.

Ein weiterer Klassiker der Low-Carb-Mehle ist das **Kokosmehl**, das sich durch ein ausgeprägtes Kokosaroma auszeichnet und ein wenig Karibik in die Küche zaubert. Kokosmehl nimmt extrem viel Wasser auf und hat einen sehr hohen Anteil an Ballaststoffen. Gerne wird Kokosmehl bei süßen Backwaren als Austausch für das entölte Mandelmehl verwendet. Bitte achten Sie dann darauf, dass sich die Menge reduziert. Wie jedes andere Low-Carb-Mehl auch will Kokosmehl

nicht alleine verarbeitet werden und ein wirkliches tolles Stück Kuchen gelingt meist erst nach einer virtuosen Mischung verschiedener kohlenhydratarmer Zutaten.

Der intensive Geschmack des Kokosmehls schränkt den Einsatz bei herzhaften Backwaren leicht ein, ist am Ende jedoch auch immer eine Frage der persönlichen Vorlieben.

Eiweißpulver oder kein Eiweißpulver ist hier nicht die Frage

An dem Einsatz von **Eiweißpulver** scheiden sich die Geister. Ich selbst schätze die Backeigenschaften, die jedem Backwerk eine authentische Konsistenz geben: fluffig und von gutem Geschmack, woran häufig Kuchen scheitern, die rein aus Nussmehlen gebacken sind. Alles Geschmackssache! Meine Vorliebe und vor allen Dingen die Rückmeldung meiner Leser/innen geben mir recht. Es handelt sich übrigens durchaus um Eiweißpulver, wie Sie es von Bodybuildern kennen. Keine Angst, Ihnen wachsen keine Muskelberge, denn das Eiweißpulver ist immer nur ein Bestandteil von mehreren und bringt sich perfekt ein.

Zum Backen eignet sich hervorragend ein Eiweißpulver, das aus mehreren Komponenten besteht: Milch-Eiweiß/Casein (circa 60 Prozent), Molke-Eiweiß/Whey (circa 30 Prozent) und Ei-Eiweiß (circa 10 Prozent) ergeben eine wertige Eiweißmischung, die lange satt macht und zugleich sehr gut schmeckt. Gerade das Milch-Eiweiß macht den Teig schön fluffig und gibt Volumen, was sich mit einem Sojapulver in der Menge nicht erreichen lässt. Sie können genauso andere Eiweißpulver nutzen, müssen dann aber die Menge anpassen und häufig zusätzlich ein Bindemittel (Guarkernmehl) zufügen. Je nach Pulver entstehen unter Umständen geschmackliche Defizite, die im spezifischen Eigengeschmack des Ausgangsmaterials liegen, so zumindest meine Erfahrung nach einer Testreihe mit rein pflanzlichen Pulvern aus Erbsen- und Reisprotein.

In meinen Rezepten zaubere ich auch mit aromatisierten und gesüßten Eiweißpulvern. Wenn Sie das nicht mögen, können Sie ein Eiweißpulver Naturell mit Kakao und Stevia-Streupulver zu einem Eiweißpulver Schokolade mischen. Und mit etwas Bourbonvanille und Stevia-Streupulver wird ein Eiweißpulver Vanille daraus. Bitte nur gerade bei der Zugabe von Kakao darauf achten, dass dieser noch etwas zusätzliche Feuchtigkeit benötigt, oder Sie reduzieren im Gegenzug das Eiweißpulver um einige Gramm.

Mein letztes Getreideprodukt – die Haferkleie

Haferkleie besteht aus dem Keimling und den Randschichten des Haferkorns. Das klingt nach Abfall, aber in Wirklichkeit enthält die Haferkleie einen Großteil der Vitamine und Mineralstoffe des Haferkorns und wie zu erwarten jede Menge Ballaststoffe. Dabei ist es insbesondere der lösliche Ballaststoff Beta-Glucan, der die Aufrechterhaltung eines normalen Cholesterinspiegels unterstützt, den Blutzucker reguliert und dazu gesundes Darmfutter darstellt. Die Haferkleie hat tolle Backeigenschaften und zaubert eine Konsistenz, die mit Weizenkleie nicht hinzubekommen ist. Dazu enthält Haferkleie für ein Getreide wenig Gluten und nicht die Art von Reizstoffen, auf die viele Menschen nach dem Verzehr von Weizen empfindlich reagieren. Kein Leichtgewicht, was die Kohlenhydrate angeht, aber in vernünftigen Mengen in einer moderaten Low-Carb-Variante, zu der ich Happy Carb zähle, ohne Probleme einsetzbar und dazu superlecker und gesund.

Wo Gluten fehlt, braucht es ein Bindemittel

Die Nuss- und Saatenmehle in der Low-Carb-Bäckerei haben leider nicht die Fähigkeit, dem Kuchen oder einem Brot eine ausreichende Bindung zu geben. Häufig reichen auch die eiweißhaltigen Bestandteile nicht aus, um eine genügende Bindung zu erzielen, damit das Backwerk in Form bleibt. Daher kommen Bindemittel zum Einsatz. Gerade beim Backen ist das Bindemittel der ersten Wahl das **Guarkernmehl**, das aus dem Mehl der Guarbohne hergestellt wird. Guarkernmehl besteht aus langkettigen, komplexen Zuckerverbindungen, die vom Darm nicht aufgenommen werden können. Die Fähigkeit, Wasser zu binden, führt dazu, dass insbesondere Backwaren länger frisch bleiben. Alternativ kommt auch **Johannisbrotkernmehl** zur Bindung infrage.

Zutaten, die die Low-Carb-Welt bedeuten

Am Ende einer Liste an Zutaten, die man ewig weiterführen könnte, will ich noch zwei Zutaten nennen, die in der Low-Carb-Welt inzwischen ihren festen Platz haben. Da sind die **Flohsamenschalen**, die als sehr ballaststoffreiche Zutat in vielen Broten und Brötchen vorkommen. Diese unscheinbaren hellen Flusen fügen sich durch den neutralen Geschmack überall gut ein und sind dabei fast kohlenhydratfrei. Flohsamenschalen binden sehr gut und sorgen dafür, dass ein Backwerk nicht so schnell austrocknet. Trotzdem sparsam dosieren, denn zu viel von der Wunderwaffe führt zu einem feuchten Backwerk, das schnell einen unangenehm schleimigen Charakter bekommt.

Eine Entdeckung der letzten Jahre in der herzhaften Low-Carb-Küche sind die **Kartoffelfasern**, die es aktuell leider nur über das Internet zu kaufen gibt. Es handelt sich hierbei wirklich um ein Produkt aus Kartoffeln, dem ein Großteil der Stärke und des Wassers entzogen wurde. Wenige Kohlenhydrate, viele Ballaststoffe und ein enormes Quellvermögen zeichnen die Kartoffelfasern aus. Von der Wasserbindung her liegen sie auf Augenhöhe mit dem Kokosmehl, womit man dann auch – wenn es geschmacklich passt – tauschen kann. Ein tolles Produkt für herzhafte Backwaren, und der kartoffelige Geschmack kommt besonders gut zur Geltung, wenn die Kartoffelfasern mit einem Teelöffel Erythrit kombiniert werden. Die Kartoffelfasern taugen übrigens nicht nur zum Backen, sondern man kann daraus auch wunderbare Suppen kochen und Leckereien wie Low-Carb-Gnocchi oder Kartoffelklöße zaubern.

Genug der Informationen zu den Zutaten. Falls Sie die eine oder andere Zutat hier nicht gefunden haben, dann besuchen Sie mein Zutaten-FAQ im Happy-Carb-Blog, wo jede Menge weiterer Informationen auf Sie warten.

Backöfen sind eigenwillig und machen ihr Ding

Bitte achten Sie bei allen Backvorhaben darauf, was im Ofen passiert. Hineinschauen rettet vor Katastrophen. Jeder Backofen ist meiner Erfahrung nach etwas anders und kleine Schwankungen können am Ende große Auswirkungen haben. Bei mir ist es zum Beispiel notwendig, dass ich – da mein Ofen ungleichmäßig bräunt – das Blech oder die Backform einmal während der Backzeit drehe, sonst ist vorne auf dem Blech alles dunkel und hinten alles hell.

TIPPS UND TRICKS RUND UMS LOW-CARB-BACKEN

Nussmehle haben die unschöne Eigenschaft, sehr schnell dunkel zu werden. Um das zu vermeiden, ist es häufig notwendig, Brote oder Kuchen nach der halben Backzeit mit Alufolie zu schützen. Bei Brötchen, Keksen und anderen Backwaren auf dem Blech hilft es, von Anfang an oder nach wenigen Minuten ein loses Blatt Backpapier locker über das Backgut zu legen. Lieber am Ende noch 1–2 Minuten ohne Abdeckung im Ofen lassen, als schwarz verbrannte Leckereien zu haben.

In meinen Rezepten arbeite ich überwiegend mit Temperaturangaben für einen umluftfähigen Backofen. Sollten Sie über keine Umluft verfügen, dann backen Sie bitte mit Ober- und Unterhitze und erhöhen Sie die Temperatur um 20 Grad. Wenn Ihr Backofen über eine Heißluftfunktion verfügt, dann erübrigt sich das Vorheizen und Sie können direkt durchstarten.

Von störrischen Teigen und was hilft, wenn es klebt

Sie werden nach einigen Backversuchen feststellen, dass die Teige, mit denen Sie es zu tun haben, sich nicht immer so verhalten, wie Sie es gerne hätten. Keine Angst, der Spaß gehört dazu. Deshalb jetzt noch einige Tipps, die ich mir über die Jahre erarbeitet habe und die mir ziemlich unspektakulär die Arbeit einfacher machen.

Tipp 1 Bei weichen Teigen, die in der Fläche verteilt werden müssen, also bei einem Blechkuchen oder einem Flammkuchen, hilft es, mit einem Kuchenheber als Hilfsmittel zu arbeiten, um den Teig so ganz praktisch in der gewünschten Dicke großflächig zu verstreichen.

Tipp 2 Das Formen von klebrigen Low-Carb-Teigen klappt mit nassen Händen sehr viel besser. Besonders bei Brötchen und Teigen mit Haferkleie ist die Arbeit einfacher und die Hände sind anschließend leichter sauber zu bekommen. Stellen Sie sich also ein Schüssel Wasser dazu und befeuchten Sie immer wieder zwischendurch die Hände.

Tipp 3 Gerade bei Teigen mit hohem löslichem Ballaststoffanteil (zum Beispiel Haferkleie oder Flohsamenschalen) ist es notwendig, die schmutzigen Rührschüsseln abzuspülen und dann erst in die Spülmaschine zu stellen. Die Teigreste verteilen sich sonst auf allem, was sonst in der Spülmaschine steht, und kleben so hartnäckig, dass anschließend alles noch mal mit der Hand gereinigt werden muss.

Tipp 4 Die mangelnde Stabilität der Teige erfordert den einen oder anderen Trick, wenn es darum geht, den Teig auszurollen oder anders in Form zu bringen. Es vereinfacht die Arbeit, wenn man beim Ausrollen eines kompakteren Teiges wie zum Beispiel für Schnecken oder Kekse zwei Blätter Backpapier zur Hand nimmt und den Teig dazwischen ausrollt.

Eine bunte Auswahl von Backformen

Ihnen wird auffallen, dass ich überwiegend mit kleinen Backformen arbeite und Sie die Rezepte anpassen müssen, wenn Sie mit den gängigen großen Formen von 26 Zentimetern Durchmesser oder einer Kastenform von 30 Zentimetern Länge arbeiten möchten. Alle Rezepte und Gerichte entstehen hier in unserer kleinen Happy-Carb-Küche und sind dadurch auf unseren 2-Personen-Bedarf zugeschnitten.

Um die Zutaten für eine 18-Zentimeter-Springform auf eine mit 26 Zentimetern Durchmesser umzurechnen, müssen Sie mit dem Faktor 2,09 rechnen, also die Zutatenmenge entsprechend multiplizieren. Bei einer Kastenform können Sie von der von mir häufig eingesetzten 20-Zentimeter-Form mit dem Faktor von 2,25 die Zutaten für eine 30-Zentimeter-Form hochrechnen. Weitere Umrechnungsangaben finden Sie im Internet auf unzähligen Backportalen.

Häufig nutze ich eine eckige Kuchenform, wobei ich im Besitz einer 30×30-Zentimeter-Backform bin, die sich in ganz unterschiedliche Größen zusammenstecken lässt. Mein Schrank ist also nicht voll von unterschiedlichen eckigen Backformen, aber gerade diese eine Stecksatz-Backform macht ein sehr variables Backen möglich. Ein Tipp, wenn Sie mal wieder Lust auf eine neue Backform bekommen sollten.

Es macht beim Backen mit Formen absolut Sinn, unterhalb des Teigs Backpapier zu legen, damit sich der Kuchen oder das Brot später leichter aus der Form löst. Ich klemme daher in der kleinen Springform vor dem Backen ¼ Blatt Backpapier ein oder falte für die Kastenform das Backpapier passend zurecht. Selbst in die Obstbodenform lege ich ¼ Blatt Backpapier und fülle dann erst den Kuchenteig hinein. Ansonsten bitte die Kuchenformen zusätzlich einfetten oder wenn möglich auf Silikonformen zurückgreifen.

Aufbewahrung und Verzehrtipps

Immer, wenn in Low-Carb-Backwaren Milchprodukte wie Quark, Joghurt und Co. enthalten sind, empfiehlt sich die Aufbewahrung im Kühlschrank. Brot und Brötchen packe ich hierzu jeweils in eine Gefriertüte und schlage diese einfach nur locker um. So ist alles geschützt vor Geruch und Feuchtigkeit, aber nicht so hermetisch verschlossen, dass die Backwaren »schwitzen«. Übrigens lassen sich gerade Brot und Brötchen hervorragend – auch scheibenweise – einfrieren und nach Bedarf auftauen.

Da Low-Carb-Backwaren mangels Gluten nicht so schön knusprig werden wie von früher gewohnt, sollten sie vor dem Verzehr kurz getoastet werden – am besten von beiden Seiten und bei Brötchen auch die Schnittflächen rösten. Dann hat das kalte Brötchen aus dem Kühlschrank direkt eine tolle Verzehrtemperatur und schmeckt wie frisch gebacken.

Kekse, die knusprig bleiben sollen, wie z.B. die Haferkekse mit Schokolade von Seite 82, füllen Sie am besten in klassische Keksdosen aus Metall. In einem kühlen Raum aufbewahrt, bleiben die Kekse so bis zu 2 Wochen in einem verzehrfähigen Zustand.

Jetzt aber endlich genug von der Theorie und was immer Sie sonst gerade vom Backen abhält. Nun geht es los und ich sende Ihnen motivierte und inspirierte Grüße in Ihre hauseigene Low-Carb-Backstube. Mögen all Ihre Vorhaben gelingen und falls doch etwas klemmt und Sie Fragen haben, dann wissen Sie, wo Sie mich finden.

Es grüßt Sie herzlich Ihre Happy-Carb-Backfee Betti

Mein liebstes Low-Carb-Backbuch
55 traumhafte Rezepte
von süß bis herzhaft

55 TRAUMHAFTE REZEPTE VON SÜSS BIS HERZHAFT

LOW-CARB-BACKEN MACHT GLÜCKLICH!

Süßes Frühstück – nahrhaft und lecker

Rührkuchen sind immer beliebt

Lieblingskuchen ganz Low Carb

Gebackene Kleinigkeiten – so sweet

Ei verditscht – herzhafte Backwaren für alle

Brot und Brötchen wie vom Bäcker

Bitte beachten Sie, dass sich die Rezepte immer auf eine unterschiedliche Anzahl von Portionen/Personen beziehen, und beachten Sie die Größen der Backformen. Die genaue Information finden Sie direkt bei jedem einzelnen Rezept.

Alle Rezepte sind mit Nährwertangaben versehen. Basis der Berechnung sind die von mir tatsächlich verwendeten Zutaten. Abweichungen und Fehler sind trotz aller Sorgfalt nicht ausgeschlossen.

Süßes Frühstück – nahrhaft und lecker

Gebackene süße Frühstücke, damit starte ich den Reigen der Backköstlichkeiten. Der Tag soll nahrhaft beginnen, auch für die süßen Frühstücker unter uns. Dazu gehört immer eine gute Portion Eiweiß und natürlich Fett, damit der Körper bekommt, was er braucht, um die nächsten Stunden ohne Leistungsabfall zu arbeiten. Und wer früher nach dem Besuch beim Bäcker nach kurzer Zeit wieder hungrig war, wird sich freuen, denn mit Frühstücksideen, die den Blutzucker nicht zickzack fahren lassen, sind Sie fit und leistungsfähig wie ein Duracell-Hase.

Schoko-Müsliriegel

8 Stücke

Der Müsliriegel-klassiker, schokoladig gut ...

100 g Haferkleie
50 g Eiweißpulver, Schokolade
2 EL Kakaopulver
50 g Erythrit
3 TL Stevia-Streusüße mit Erythrit
50 g Kokosraspel
50 g Haselnüsse, gehackt
200 ml Kokosmilch
50 g Haselnussmus
50 g Schokodrops, zuckerfrei, dunkel (alternativ Schokolade, 85 % Kakaoanteil, gehackt)

Den Backofen auf 120 °C Umluft vorheizen.

Alle Zutaten zu einem festen Teig vermischen und diesen in eine eckige Form streichen, die mit Backpapier ausgelegt ist. Der Teig sollte etwa 2–3 Zentimeter hoch sein. Die Form für 45 Minuten im Ofen backen. Als Nächstes die Schokodrops auf den Müsliriegeln verteilen und die Backform erneut für 15 Minuten in den Ofen stellen. Anschließend die lauwarmen Riegel in 8 Stücke schneiden und auskühlen lassen.

Nährwerte pro Stück:
Kilokalorien: 286, Fett: 21,1 g,
Kohlenhydrate: 10,4 g, Eiweiß: 11,0 g

Protein-Schokomuffins

6 Muffins

250 g Quark, 20 % Fett
2 Eier, Größe M
45 g Eiweißpulver, Schokolade
1 EL Kakaopulver
50 g Macadamias, gemahlen (alternativ gemahlene blanchierte Mandeln)
30 g Kokosraspel
20 g Kokosmehl
40 g Erythrit
3 TL Stevia-Streupulver mit Erythrit
2 TL Backpulver
30 g Schokodrops, zuckerfrei, dunkel (alternativ Schokolade, 85 %, gehackt)
5 g Butter, zum Fetten der Förmchen, bei Bedarf

Den Backofen auf 175 °C Umluft vorheizen.

Alle Zutaten für den Teig auf einen Schlag in einer Schüssel verrühren. Auf 6 Muffinförmchen (am besten aus Silikon, bei Bedarf mit Butter einfetten) verteilen und Muffins für 25–30 Minuten backen.

Nährwerte pro Stück:
Kilokalorien: 231, Fett: 16,3 g, Kohlenhydrate: 4,5 g, Eiweiß: 15,0 g

Muffins, die so halb als Kuchen durchgehen …

Zwetschgen-Pekankrokant-Quarkteilchen

8 Teilchen

Für den Pekankrokant:
60 g Pekannüsse, grob gehackt
20 g Erythrit
1 TL Kokosblütenzucker oder -sirup (geht auch ohne)

Für die Quarkteilchen:
250 g Magerquark
25 g Butter, geschmolzen, lauwarm
3 Eier, Größe M
50 g Eiweißpulver, Vanille
50 g Kokosmehl
50 g Erythrit
1 TL Backpulver
1 TL Guarkernmehl
200 g Zwetschgen, die Kerne ausgelöst, halbiert, oben und unten eingeschnitten

Spätsommer ist die Zeit der durchgeknallten Wespen …

Den Backofen auf 175 °C Umluft vorheizen.

Eine Pfanne erhitzen und die gehackten Pekannüsse ohne Fett rösten. Wenn sie etwas Farbe bekommen haben, den Herd ausschalten und das Erythrit und den Kokosblütenzucker mit den Nüssen in der Pfanne schmelzen lassen. Anschließend den süßen Pekankrokant unter gelegentlichem Rühren abkühlen lassen.

Alle Bestandteile für die Quarkteilchen (außer den Zwetschgen) auf einen Schlag verrühren. Mit einem großen Löffel 8 Portionen von der Masse abstechen und auf einem mit Backpapier belegten Blech zu runden Fladen etwas flach drücken. Darauf die Zwetschgen verteilen. Für 30 Minuten backen und auskühlen lassen. Damit die Quarkteilchen nicht zu dunkel werden, nach der halben Backzeit locker ein Blatt Backpapier darüber legen.

Die Zwetschgen-Pekankrokant-Quarkteilchen lassen sich gut einfrieren und nach Bedarf auftauen.

Nährwerte pro Stück:
Kilokalorien: 181, Fett: 11,0 g, Kohlenhydrate: 5,7 g, Eiweiß: 13,4 g

Haferkleie-Eiweiß-Himbeerbrötchen

8 Brötchen

250 g Magerquark
3 Eier, Größe M
40 g Eiweißpulver, Vanille
25 g Kokosmehl
75 g Haferkleie
40 g Erythrit
2 TL Stevia-Streupulver mit Erythrit
2 TL Backpulver
1 TL Guarkernmehl
50 g Walnüsse, gehackt
150 g TK-Himbeeren, gefroren

Den Backofen auf 175 °C Umluft vorheizen.

Alle Bestandteile (außer den Himbeeren) auf einen Schlag in einer Rührschüssel zu einem Teig verrühren. Zum Schluss die gefrorenen Himbeeren vorsichtig unterheben. Mit einem großen Löffel 8 Portionen von der Masse auf ein mit Backpapier belegtes Backblech geben oder mit nassen Händen Brötchen formen.

Für 30 Minuten backen und anschließend auskühlen lassen. Im Kühlschrank aufbewahren und vor dem Verzehr toasten. Die Brötchen lassen sich auch prima einfrieren und bei Bedarf über Nacht für das Frühstück auftauen.

Nährwerte pro Stück:
Kilokalorien: 167, Fett: 7,8 g,
Kohlenhydrate: 8,8 g, Eiweiß: 13,6 g

Ein leckeres Standard-Frühstücksbrötchen …

Low-Carb-Bananenbrot

Eine Kastenform mit 20 Zentimetern Länge. Ergibt etwa 12 Scheiben

75 g Mandelmehl, entölt
25 g Walnussmehl, entölt
40 g Eiweißpulver, Vanille
40 g Eiweißpulver, Natural
2 TL Backpulver
½ TL Guarkernmehl
50 g Walnüsse, gehackt
300 g mittelreife Banane, püriert
3 Eier, Größe M
100 ml Sahne
100 ml Milch
40 g Erythrit
2 TL Stevia-Streupulver mit Erythrit
1 Prise Salz

Banane und Low Carb? Alles eine Frage der Menge …

Den Backofen auf 180 °C Umluft vorheizen.

Die trockenen Zutaten bis zu den Walnüssen in einer Schüssel abwiegen und vermischen.

Alle nassen Zutaten mit den Süßmitteln und dem Salz in einer Rührschüssel vermengen. Dann esslöffelweise die trockene Mischung unterrühren. Eine kleine Kastenform mit Backpapier auskleiden und den Teig hineingeben.

Für 50 Minuten im Backofen backen. Wenn das Bananenbrot zu dunkel wird, nach ca. 25 Minuten mit etwas Alufolie abdecken.

Nährwerte pro Scheibe:
Kilokalorien: 160, Fett: 8,5 g, Kohlenhydrate: 7,3 g, Eiweiß: 12,5 g

Schokoladenstuten

Eine Kastenform mit 20 Zentimetern Länge. Ergibt etwa 12 Scheiben

50 g Mandelmehl, entölt
50 g Kokosmehl
35 g Eiweißpulver, Vanille
25 g Eiweißpulver, Natural
2 TL Backpulver
85 g Schokodrops, zuckerfrei, dunkel (alternativ Schokolade, 85 % Kakaoanteil, gehackt)
125 ml Sahne
125 ml Milch
3 Eier, Größe M
50 g Erythrit
2 TL Stevia-Streupulver mit Erythrit
1 Prise Salz

Ein schokoladiges Frühstücksbrot …

Den Backofen auf 175 °C Umluft vorheizen.

Die trockenen Zutaten bis zu den Schokodrops in einer Schüssel abwiegen und alles vermischen.

Alle nassen Zutaten mit den Süßmitteln und dem Salz in einer Rührschüssel vermengen. Anschließend esslöffelweise die trockene Mischung unterrühren.

Eine kleine Kastenform mit Backpapier auskleiden und den Teig hineingeben. Einmal längs einschneiden. Nun die Form für 50 Minuten in den Backofen stellen. Wenn der Schokoladenstuten zu dunkel wird, nach ca. 30 Minuten mit etwas Alufolie abdecken.

Nährwerte pro Scheibe:
Kilokalorien: 146, Fett: 9,5 g, Kohlenhydrate: 3,1 g, Eiweiß: 10,2 g

Rührkuchen sind immer beliebt

Denke ich an Rührkuchen, dann sind das immer Kuchen, die wie bei Omi oder Mutti schmecken und Kindheitserinnerungen wecken. Es sind doch meist nicht die gewaltigen aufwendigen Torten, die ein heimeliges Gefühl vermitteln, sondern die schlichten, schnell gemachten Rührkuchen, die das Herz höherschlagen lassen. Ob fruchtig mit Rhabarber oder schokoladig würzig mit meinem Rotweinkuchen, jetzt kommen echte Wohlfühlkuchen, die jeden Wochenendkaffee perfekt machen.

Versunkener Rhabarberkuchen

Eine eckige Form mit etwa 21 × 18 Zentimetern. Ergibt 8 Stücke

Für den versunkenen Rhabarber:

75 g TK-Sauerkirschen, ungezuckert, aufgetaut, püriert
1 TL Stevia-Streupulver mit Erythrit
250 g Rhabarber, geschält, in kurze Stücke geschnitten

Für den Rührteig:

75 g Butter, weich
3 Eier, Größe M
50 g Erythrit
1 Prise Salz
2 TL Stevia-Streupulver mit Erythrit
60 g Mandelmehl, nicht entölt
30 g Mandelmehl, entölt
30 g Kokosmehl
30 g Eiweißpulver, Vanille
1 ½ TL Backpulver
100 ml Sahne
65 ml Milch
40 g Schokodrops, zuckerfrei, weiß
5 g Butter, zum Fetten der Form

Der perfekte Rührkuchen im Frühling …

Für den Zuckerguss:

2 TL Zitronensaft
40 g Puder-Erythrit

Den Backofen auf 175 °C Umluft vorheizen.

Die pürierten Kirschen in einem Teesieb abtropfen lassen und den Kirschsaft ausdrücken und auffangen. Den Kirschsaft mit dem Stevia-Streupulver mischen und darunter die Rhabarberstücke mischen. Für 1–2 Stunden durchziehen lassen. Der Rhabarber nimmt die rote Farbe und den Geschmack der Kirschen an. Anschließend gut in einem Sieb abtropfen lassen.

Die Butter mit den Eiern aufschlagen und die Süßmittel und das Salz unterrühren.

Die Mandelmehle mit dem Kokosmehl, dem Eiweißpulver und dem Backpulver in einer kleinen Schüssel mischen und dann esslöffelweise die trockene Mischung in die süße Butter-Eier-Mischung rühren. Immer, wenn der Teig zu fest wird, etwas von der Sahne und der Milch zufügen. Zum Schluss die weißen Schokodrops unterheben.

Eine eckige Form am Rand mit Butter einfetten. Den Boden mit Backpapier bedecken. Den Teig in die Form füllen und die Rhabarberstücke darübergeben. Leicht eindrücken und dann den Kuchen für 40–45 Minuten in den Backofen stellen. Wenn der Kuchen zu dunkel wird, nach etwa der halben Backzeit mit Alufolie abdecken.

Anschließend den Kuchen abkühlen lassen. Für den Zuckerguss den Zitronensaft mit dem Puder-Erythrit in einem kleinen Topf erhitzen und den flüssigen heißen Guss mit einem Löffel über dem Kuchen verteilen.

Nährwerte pro Stück:
Kilokalorien: 262, Fett: 21,0 g, Kohlenhydrate: 5,6 g, Eiweiß: 11,0 g

Haselnuss-Schokoladen-Kuchen

Eine Springform mit etwa 18 Zentimetern Durchmesser. Ergibt 8 Stücke

75 g Butter, weich
3 Eier, Größe M
65 g Erythrit
1 Prise Salz
3 TL Stevia-Streusüße mit Erythrit
1 EL Rum (alternativ 3 Tropfen Rumaroma)
25 g Mandelmehl, entölt
25 g Kokosmehl
25 g Eiweißpulver, Haselnuss
(alternativ Eiweißpulver, Vanille)
75 g Haselnüsse, gemahlen
50 g Haselnüsse, gehackt
1 ½ TL Backpulver
90 ml Sahne
60 ml Milch
75 g Schokodrops, zuckerfrei, dunkel (alternativ Schokolade, 85 % Kakaoanteil, gehackt)
5 g Butter, zum Fetten der Form

Der schlichte saftige Haselnussklassiker …

Den Backofen auf 175 °C Umluft vorheizen.

Butter, Eier, Süßmittel und Salz gemeinsam mit dem Rum verrühren.

Die trockenen Zutaten für den hellen Teig vorweg in einer Schüssel abwiegen und mischen.

Esslöffelweise die trockene Mischung unterrühren und die Sahne sowie die Milch nach und nach zugeben. Zum Schluss die Schokodrops unterheben.

Eine kleine Springform mit Butter einfetten und den Teig hineingeben. Besser löst sich der Kuchen, wenn der Boden der Springform mit Backpapier bedeckt ist. Den Haselnuss-Schokoladen-Kuchen für 50 Minuten backen und nach der halben Zeit mit etwas Alufolie abdecken, damit der Kuchen nicht zu dunkel wird.

Wer mag, kann den Kuchen zusätzlich mit einem zuckerfreien/-armen Schokoladenguss überziehen oder mit Puder-Erythrit bestäuben.

Nährwerte pro Stück:
Kilokalorien: 334, Fett: 26,8 g, Kohlenhydrate: 4,8 g, Eiweiß: 10,8 g

Himbeer-Streuselkuchen

Eine Springform mit etwa 18 Zentimetern Durchmesser. Ergibt 8 Stücke

Für die fruchtige Füllung:
200 g TK-Himbeeren, ungezuckert
1 TL Stevia-Streupulver mit Erythrit
½ TL Guarkernmehl, zur Bindung

Für den Streuselteig:
75 g Butter, weich
1 Ei, Größe M
2 Eigelbe, Größe M (alternativ geht auch ein Ei, dann werden die Streusel aber weniger knusprig)
50 g Erythrit
2 TL Stevia-Streupulver mit Erythrit
1 Prise Salz
50 g Eiweißpulver, Vanille
50 g Mandelmehl, nicht entölt
25 g Mandelmehl, entölt
½ TL Backpulver
5 g Butter, zum Fetten der Form

Den Backofen auf 175 °C Umluft vorheizen.

Ein richtig knuspriger Streuselkuchen mit fruchtiger Füllung …

Die Himbeeren in einem kleinen Topf oder der Mikrowelle erhitzen. Darin den Teelöffel Stevia-Streupulver auflösen. Lauwarm abkühlen lassen und das Guarkernmehl über die Himbeeren sieben und zügig unterrühren.

Die Butter mit dem Ei und den Eigelben aufschlagen und die Süßmittel und das Salz untermischen.

Die trockenen Zutaten für den Streuselteig mischen und esslöffelweise unterrühren, bis ein kompakter Teig entsteht.

Den Boden der Backform mit Backpapier belegen. Dafür einfach ¼ Backpapier (ein großes Blatt in 4 Teile geschnitten) in der Springform einklemmen und den Rand mit Butter einfetten. Nun ⅔ des Streuselteiges in die Form geben, mit den Fingern den Boden flach drücken und einen 2–3 Zentimeter hohen Rand formen. Dann die Himbeermasse auf den Teigboden füllen, den restlichen Streuselteig mit den Fingern zerrupfen und über der fruchtigen Himbeerfüllung verteilen.

Anschließend für 45 Minuten in den Ofen stellen. Nach der halben Backzeit mit Alufolie abdecken, damit der Kuchen nicht zu dunkel wird.

Nährwerte pro Stück:
Kilokalorien: 178, Fett: 13,7 g, Kohlenhydrate: 2,3 g, Eiweiß: 9,6 g

Erdnuss-Marmorkuchen

Eine Kastenform mit 20 Zentimetern Länge. Ergibt etwa 10 Stücke

Für den Rührteig:
30 g Mandelmehl, entölt
30 g Kokosmehl
60 g Mandelmehl, nicht entölt
35 g Eiweißpulver, Vanille
2 TL Backpulver
50 Butter, weich
100 g Erdnussmus
3 Eier, Größe M
50 ml Karamellsirup, zuckerfrei
(gibt es im Supermarkt im Kaffeeregal)
40 g Erythrit
1 Prise Salz
2 TL Stevia-Streupulver mit Erythrit
75 ml Milch

Schmeckt gewaltig nach diesem Schoko-riegel mit Erdnuss und Karamell …

Zusätzlich für den dunklen Teig:
25 g Kakaopulver
1 TL Stevia-Streupulver mit Erythrit
35 ml Milch

Den Backofen auf 175 °C Umluft vorheizen.

Die Mehle, Eiweißpulver und das Backpulver für den Rührteig in einer Schüssel abwiegen und vermengen.

Die Butter, das Erdnussmus und die Eier mit den Süßmitteln und dem Salz in einer Rührschüssel verrühren. Dann esslöffelweise die trockene Mischung unterrühren und immer, wenn der Teig zu dick wird, in Portionen die Milch zufügen, bis am Ende ein schöner Rührteig entsteht.

Etwa die Hälfte des hellen Teiges in eine mit Backpapier ausgekleidete Kastenform füllen.

In die andere Teighälfte, die noch in der Rührschüssel verbleibt, das Kakaopulver, das Stevia-Streupulver und die zusätzliche Milch geben und alles zu einem dunklen Teig verrühren.

Nun den dunklen Teig auf dem hellen Teig in Klecksen verteilen und danach eine Gabel spiralförmig von oben nach unten durch die beiden Teige führen, damit die typische Marmorstruktur entsteht.

Anschließend die Kastenform für 50–55 Minuten in den Backofen stellen. Nach der halben Backzeit den Kuchen mit Alufolie schützen, damit er nicht zu dunkel wird.

Nährwerte pro Stück:
Kilokalorien: 209, Fett: 15,3 g, Kohlenhydrate: 3,6 g, Eiweiß: 12,1 g

Rotwein-Gewürzkuchen mit Kirschen

Eine Springform mit etwa 18 Zentimetern Durchmesser. Ergibt 8 Stücke

Auch bekannt als Novemberkuchen, der graue Tage schöner macht …

75 g Butter, weich
3 Eier, Größe M
65 g Erythrit
3 TL Stevia-Streupulver mit Erythrit
1 Prise Salz
30 g Kokosmehl
40 g Mandelmehl, entölt
50 g Mandelmehl, nicht entölt
40 g Eiweißpulver, Schokolade
15 g Kakaopulver
2 TL Lebkuchengewürz
½ TL Guarkernmehl
1 ½ TL Backpulver
150 ml trockener Rotwein (alternativ Chai-Tee)
125 g TK-Sauerkirschen, ungezuckert
5 g Butter, zum Fetten der Form
2 TL Puder-Erythrit, zum Bestäuben des Kuchens

Die weiche Butter mit den Eiern, den Süßmitteln und der Prise Salz verrühren. Die restlichen trockenen Zutaten für den Gewürzkuchen in einer Schüssel mischen und dann esslöffelweise unterrühren. Immer, wenn der Teig zu kompakt wird, etwas vom trockenen Rotwein zufügen.

Zum Schluss vorsichtig die gefrorenen Sauerkirschen mit einem Teigspatel unterheben. Die Springform mit Butter einfetten und den Teig hineinfüllen. Den Kuchen nun für 45–50 Minuten backen. Nach der halben Backzeit die Backform mit Alufolie abdecken, damit der Kuchen nicht zu dunkel wird. Wenn der Kuchen abgekühlt ist, mit dem Puder-Erythrit bestäuben.

Nährwerte pro Stück:
Kilokalorien: 218, Fett: 14,5 g, Kohlenhydrate: 4,3 g, Eiweiß: 11,7 g

Low-Carb-Pfirsichkuchen

Eine Springform mit 18 Zentimetern Durchmesser. Ergibt 8 Stücke

35 g Mandelmehl, entölt
100 g Mandelmehl, nicht entölt
1 ½ TL Backpulver
1 TL Guarkernmehl
75 g Butter, weich
3 Eier, Größe M
50 g Erythrit
3 TL Stevia-Streupulver mit Erythrit
¼ TL Bourbonvanille, gemahlen
5 g Butter, zum Fetten der Form
100 g frischer Pfirsich, das Fruchtfleisch ohne Haut und Kern, püriert
150 g frischer Pfirsich, mit Haut, in Spalten geschnitten

Jetzt wird es sommerlich im Rührkuchenland …

Den Backofen auf 175 °C Umluft vorheizen.

Die Mandelmehle mit dem Backpulver und dem Guarkernmehl vorweg in einer kleinen Schüssel mischen.

Die weiche Butter mit den Eiern und den Süßmitteln verrühren. Dann die Bourbonvanille und das pürierte Pfirsichfruchtfleisch untermischen. Anschließend die gemischten trockenen Zutaten esslöffelweise unterrühren.

Die Springform einfetten, den Boden am besten zusätzlich mit Backpapier bedecken, den Teig hineingeben und glatt streichen. Die Pfirsichspalten gleichmäßig verteilt auf den Teig legen und leicht eindrücken. Den Kuchen für 45–50 Minuten in den Backofen stellen. Wenn der Pfirsichkuchen zu schnell dunkel wird, dann nach der halben Backzeit mit etwas Alufolie abdecken.

Nährwerte pro Stück:
Kilokalorien: 210, Fett: 17,4 g, Kohlenhydrate: 4,4 g, Eiweiß: 7,5 g

Zitronen-Kastenkuchen

Eine Kastenform mit 20 Zentimetern Länge. Ergibt etwa 10 Stücke

75 g Butter, weich
3 Eier, Größe M
60 g Erythrit
3 TL Stevia-Streupulver mit Erythrit
2 TL Abrieb einer Bio-Zitronenschale
50 g Kokosmehl
125 g Mandelmehl, nicht entölt
2 TL Backpulver
1 TL Guarkernmehl
100 ml Zitronensaft, frisch gepresst
5 g Butter, zum Fetten der Form

Für den Guss:
50 g Puder-Erythrit
1 EL Zitronensaft, frisch gepresst

Den Backofen auf 175 °C Umluft vorheizen.

Die Butter mit den Eiern, den Süßmitteln und dem Zitronenschalenabrieb verrühren.

Die trockenen Zutaten für den Zitronenkuchen in einer Schüssel abwiegen und mischen. Nun esslöffelweise die trockene Mischung unterrühren und immer, wenn der Teig zu kompakt wird, vom Zitronensaft zugeben.

Die Kastenform mit Butter einfetten und den Boden zusätzlich mit Backpapier bedecken, dann geht der Kuchen später leichter aus der Form. Den Teig in die Kastenform füllen und den Kuchen für etwa 50 Minuten im Backofen backen. Nach der halben Backzeit den Kuchen mit Alufolie abdecken, damit er nicht zu dunkel wird. Den Zitronenkuchen nach dem Backen aus der Form nehmen und auf einem Kuchenrost abkühlen lassen.

Für den Zuckerguss den Zitronensaft mit dem Puder-Erythrit in einem kleinen Topf erhitzen, den Kuchen mit der heißen Flüssigkeit bestreichen und anschließend aushärten lassen.

Nährwerte pro Stück:
Kilokalorien: 178, Fett: 15,2 g, Kohlenhydrate: 2,4 g, Eiweiß: 5,4 g

Die Amalfiküste in eckige Kuchenform gebracht …

Rote-Bete-Schokoladenkuchen im Glas

4 Sturzgläser à 435 ml. Ergibt 8 Kuchenstücke

50 g Mandelmehl, entölt
50 g Mandelmehl, nicht entölt
50 g Kokosmehl
2 TL Backpulver
½ TL Guarkernmehl
30 g Kakaopulver
250 g Rote Bete, gekocht, in kleine Würfel geschnitten
75 g Butter, weich
3 Eier, Größe M
60 g Erythrit
3 TL Stevia-Streupulver mit Erythrit
50 g Schokodrops, zuckerfrei, dunkel (alternativ Schokolade, 85 % Kakaoanteil, gehackt)
5 g Butter, zum Fetten der Form

Den Backofen auf 175 °C Umluft vorheizen.

Die trockenen Zutaten bis zum Kakaopulver in einer Schüssel abwiegen und mischen. Die klein geschnittene gekochte Rote Bete fein mit dem Pürierstab zerkleinern.

Die Butter mit den Eiern und den Süßmitteln verrühren. Anschließend die pürierte Rote Bete untermischen und die trockenen Zutaten esslöffelweise unterrühren, bis sich alles zu einem schokoladigen Teig verbindet. Zum Schluss die Schokodrops untermischen.

Den Teig in 4 Sturzgläser füllen und für 35 Minuten backen. Nach der halben Zeit etwas Alufolie über die Gläser geben, sonst werden die kleinen Kuchen zu dunkel. Die Gläser nach dem Backen direkt heiß mit den zugehörigen Deckeln verschließen. Ein Glas ergibt 2 Stücke Kuchen, dazu einfach in der Mitte durchschneiden. Die verschlossenen Kuchen können für mehrere Monate aufbewahrt werden.

Die kleinen Kuchen können auch in einer kleinen Spring- oder Kastenform gebacken werden, in der Größe von etwa 18–20 Zentimetern. Dann die Backzeit auf 50–55 Minuten erhöhen und auch hier das Abdecken nicht vergessen.

Nährwerte pro Stück:
Kilokalorien: 239, Fett: 17,8 g, Kohlenhydrate: 5,7 g, Eiweiß: 10,3 g

Hauptsache Gemüse, mein Motto schlägt voll durch …

Karottenkuchen mit Frischkäsecreme

Eine Springform mit 18 Zentimetern Durchmesser. Ergibt 8 Stücke

150 g Karotte, grob geraspelt
2 EL Zitronensaft, frisch gepresst
60 g Butter, weich
3 Eier, Größe M
75 ml Sahne
50 g Erythrit
3 TL Stevia-Streupulver mit Erythrit
15 g Yaconsirup (alternativ Kokosblütenzucker beziehungsweise -sirup)
50 g Mandelmehl, nicht entölt
40 g Mandelmehl, entölt
30 g Eiweißpulver, Vanille
15 g Walnussmehl, entölt
50 g Walnüsse, gehackt
2 TL Backpulver
½ TL Guarkernmehl
1 Msp. Zimt, gemahlen
5 g Butter, zum Fetten der Form

Einen sehr walnussigen Geschmack hat dieser kräftige Karottenkuchen …

Für die Frischkäsecreme:
125 g Frischkäse, vollfett
1 EL Sahne
1 EL Zitronensaft, frisch gepresst
10 g Eiweißpulver, Vanille
2 TL Stevia-Streupulver mit Erythrit
¼ TL Abrieb einer Bio-Zitronenschale

Den Backofen auf 175 °C Umluft vorheizen.

Die Karottenraspel mit dem Zitronensaft mischen.

Die Butter mit den Eiern, der Sahne und den Süßmitteln verrühren. Die Karottenraspel unterrühren. Alle trockenen Zutaten in einer Schüssel vorweg mischen und anschließend in die fruchtige Butter-Eier-Mischung rühren. Den Teig in eine mit Butter gefettete und mit Backpapier ausgelegte Backform geben und für 45–50 Minuten backen. Nach 25 Minuten mit etwas Alufolie abdecken. Anschließend den Kuchen auf einem Kuchenrost abkühlen lassen.

Während der Kuchen abkühlt, die Zutaten für die Frischkäsecreme verrühren und diese auf den kalten Karottenkuchen streichen.

Nährwerte pro Stück:
Kilokalorien: 310, Fett: 25,1 g, Kohlenhydrate: 5,7 g, Eiweiß: 13,4 g

Buttermilch-Kokos-Kuchen

Eine eckige Form mit etwa 18 × 18 Zentimetern. Ergibt 8 Stücke

70 g Butter, weich
2 Eier, Größe L
50 g Erythrit
2 TL Stevia-Streupulver mit Erythrit
60 g Mandelmehl, nicht entölt
30 g Kokosmehl
30 g Eiweißpulver, Vanille
2 TL Backpulver
100 ml Buttermilch
5 g Butter, zum Fetten der Form

Ein Lieblingsrelikt aus den 90er Jahren …

Für das Kokostopping:
80 g Kokosraspel
40 g Erythrit
30 g Kokosöl, geschmolzen
100 ml Sahne, zum Begießen des Kuchens

Den Backofen auf 175 °C Umluft vorheizen.

Die weiche Butter mit den beiden Eiern und den Süßmitteln in einer Rührschüssel verrühren. Die restlichen trockenen Zutaten für den Teig vorweg mischen und dann unter die Butter-Eier-Mischung rühren. Gegen Ende die Buttermilch zufügen und unterrühren.

Den Teig in eine mit Backpapier ausgelegte eckige Form füllen und glatt streichen. Den Rand zuvor mit etwas Butter einfetten.

In einer zweiten Schüssel die Kokosraspel mit dem Erythrit und dem geschmolzenen Kokosöl vermengen. Die Mischung auf dem Teig verteilen und den Kuchen für 35–40 Minuten backen. Nach der halben Zeit mit Alufolie abdecken, denn Kokos wird sehr schnell dunkel.

Dann den Kuchen aus dem Ofen holen und vorsichtig die flüssige Sahne über dem noch heißen Kuchen verteilen. Wenn die Sahne im Kuchen verschwunden ist, den Kuchen zum Auskühlen auf einen Kuchenrost stellen.

Nährwerte pro Stück:
Kilokalorien: 299, Fett: 27,1 g, Kohlenhydrate: 3,2 g, Eiweiß: 8,6 g

Lieblingskuchen ganz Low Carb

Kuchenrezepte gibt es wie Sand am Meer. Total verrückte Sachen mit unglaublichen Geschmackskompositionen füllen herrliche Backbücher. Frage ich jedoch, welche Kuchen am liebsten gegessen werden, dann verdichtet sich die Auswahl auf eine überschaubare Anzahl von Kuchen und Torten. Und genau diesen Kuchenrezepten widme ich in meinem Backbuch eine eigene Kategorie. Seien wir realistisch, ein Low-Carb-Backbuch ohne dekadenten Schokoladenkuchen, ohne cremigen Cheesecake und ohne einen klassischen Bienenstich darf wirklich nicht sein.

Apfel-Schmandkuchen

Eine eckige Form mit 21 × 21 Zentimetern. Ergibt 8 Stücke

Ein knuspriger Boden und nach oben hin wird es saftig …

Für den Teigboden:
75 g Butter, weich
1 Ei, Größe L
50 g Erythrit
2 TL Stevia-Streupulver mit Erythrit
50 g Eiweißpulver, Vanille
50 g Mandelmehl, nicht entölt
25 g Mandelmehl, entölt
1 TL Backpulver
5 g Butter, zum Fetten der Form

Für den Schmand-Apfel-Belag:
125 g Schmand, 24 % Fett
1 Ei, Größe L
1 TL Stevia-Streupulver mit Erythrit
15 g Eiweißpulver, Vanille
350 g säuerlicher Apfel, geschält, in Spalten geschnitten

Den Backofen auf 175 °C Umluft vorheizen.

Die Butter mit dem Ei aufschlagen und die Süßmittel unterrühren. Die Mehle/Pulver für den Teig vorweg mischen und dann esslöffelweise unterrühren. Die Backform mit Backpapier auskleiden, den Rand mit Butter fetten und den Teig 1–2 cm dick verteilen. Die Zutaten für die süße Schmandcreme mit einem Schneebesen verrühren und diese auf den Teig streichen. Dann die Apfelstücke auf die Schmandcreme legen und den Kuchen für 30–35 Minuten in den Ofen stellen. Die Backform nach etwa 20 Minuten mit Alufolie abdecken, damit der Kuchen nicht zu dunkel wird.

Nährwerte pro Stück:
Kilokalorien: 228, Fett: 16,5 g, Kohlenhydrate: 6,6 g, Eiweiß: 11,9 g

Kokos-Schoko-Kuchen

Eine Springform mit 18 Zentimetern Durchmesser. Ergibt 8 Kuchenstücke

Für die Kokosfüllung:
200 ml Kokosmilch
50 g Kokosmus
100 g Kokosraspel
40 g Puder-Erythrit
2 TL Stevia-Streupulver mit Erythrit

Wie ein Kokos-Schoko-Riegel in Kuchenform …

Für den Schokoladenteig :
50 g Kokosmehl
100 g Mandelmehl, nicht entölt
30 g Kakaopulver
2 TL Backpulver
1 TL Guarkernmehl
75 g Butter
50 g Schokodrops, zuckerfrei, dunkel (alternativ Schokolade, 85 % Kakaoanteil, gehackt)
3 Eier, Größe M
75 g Erythrit
2 TL Stevia-Streupulver mit Erythrit
100 ml Milch
5 g Butter, zum Fetten der Form

Den Backofen auf 175 °C Umluft vorheizen.

Für die Kokosfüllung die Kokosmilch erwärmen und das Kokosmus darin schmelzen lassen. Die Kokosraspel und die Süßmittel unterrühren und dann abkühlen lassen.

Die trockenen Zutaten bis zum Guarkernmehl für den Teig abwiegen und vorweg in einer Schüssel mischen.

Die Butter in einem kleinen Topf lauwarm erwärmen und die Schokodrops darin schmelzen lassen. Die Schokoladenbutter in eine Rührschüssel umfüllen und die Eier und die Süßmittel unterschlagen. Nun esslöffelweise die trockenen Zutaten unterrühren und immer, wenn der Teig zu fest wird, von der Milch hinzugeben.

Den Schokoladenteig zur Hälfte in eine mit Butter gefettete Form geben (am besten den Boden mit Backpapier auslegen). Auf dem Schokoladenteig die vorbereitete Kokosmasse verteilen. Darüber den Rest des Schokoladenteiges geben und glatt streichen.

Den Kuchen für 55–60 Minuten im Ofen backen und nach der halben Backzeit zum Schutz mit Alufolie abdecken.

Nährwerte pro Stück:
Kilokalorien: 426, Fett: 38,1 g, Kohlenhydrate: 6,3 g, Eiweiß: 9,8 g

Triple-Chocolate-Cake mit Frosting

Eine Springform mit 18 Zentimetern Durchmesser. Ergibt 8 Stücke

Für den Teig:
50 g Mandelmehl, entölt
75 g Mandelmehl, nicht entölt
25 g Eiweißpulver, Schokolade
2 TL Backpulver
15 g Kakaopulver
50 g Schokodrops, zuckerfrei, dunkel
(alternativ Schokolade, 85 % Kakaoanteil, gehackt)
75 g Butter, weich
3 Eier, Größe M
65 g Erythrit
3 TL Stevia-Streupulver mit Erythrit
1 Prise Salz
150 g Griechischer Joghurt, 10 % Fett
5 g Butter, zum Fetten der Form

Bei Schokoladennotstand die allererste Wahl …

Für das Frosting:
200 g Frischkäse, vollfett, mit möglichst geringem Salzgehalt
2–3 EL Sahne
15 g Kakaopulver
3 TL Stevia-Streupulver mit Erythrit, pulverfein gemahlen
50 g Schokodrops, zuckerfrei, dunkel, im Wasserbad geschmolzen
5 g Kakaopulver, zum Bestäuben des Kuchens

Den Backofen auf 175 °C Umluft vorheizen.

Die trockenen Zutaten für den Teig in einer Schüssel abwiegen und mischen. Die Butter mit den Eiern, den Süßmitteln und der Prise Salz verrühren. Dann den Joghurt zufügen. Anschließend die trockenen Zutaten esslöffelweise unterrühren, bis ein schöner Teig entsteht.

Den Rand der Springform mit Butter einfetten und auf den Boden Backpapier legen. Den Schokoladenteig in die Form geben und den Kuchen für 45–50 Minuten im Backofen backen. Nach der halben Zeit mit Alufolie abdecken, damit der Kuchen nicht zu dunkel wird. Anschließend den Kuchen auf einem Rost auskühlen lassen.

Für das Frosting den Frischkäse mit der flüssigen Sahne cremig rühren und mit dem gesiebten Kakaopulver und dem Stevia-Puderzucker vermischen. Anschließend die geschmolzene Schokolade hinzufügen und zügig unterrühren. Die Oberseite des Kuchens mit der Schokoladenfrischkäsecreme bestreichen und mit etwas Kakaopulver bestäuben.

Nährwerte pro Stück:
Kilokalorien: 361, Fett: 30,2 g, Kohlenhydrate: 4,7 g, Eiweiß: 13,8 g

Mandarinen-Schmandbödchen

Eine Obstbodenform mit etwa 20 Zentimetern Durchmesser.
Ergibt 8 Stücke

Für den Obstboden:

20 g Eiweißpulver, Vanille
25 g Mandelmehl, entölt
15 g Kokosmehl
½ TL Backpulver
30 g Butter, weich
1 Ei, Größe M
25 g Erythrit
1 TL Stevia-Streupulver mit Erythrit
100 ml Sahne
5 g Butter, zum Fetten der Form

Für die Mandarinen-Schmandcreme:

2 Blätter Gelatine
200 g Schmand, 24 % Fett
100 g Quark, 20 % Fett
½ TL Abrieb einer Bio-Zitronenschale
100 ml Sahne
30 g Puder-Erythrit
2 TL Stevia-Streupulver mit Erythrit
150 g Dosenmandarinen, ohne Zuckerzusatz, gut abgetropft

Den Backofen auf 175 °C Umluft vorheizen.

Die mehligen Zutaten für den Teig und das Backpulver vorweg in einer Schüssel mischen. Die Butter mit dem Ei in einer Rührschüssel vermengen und die Süßmittel und die Prise Salz unterrühren. Anschließend die trockenen Zutaten esslöffelweise untermischen und portionsweise die 100 ml Sahne hinzufügen. Die Obstbodenform mit Butter einfetten oder mit Backpapier auslegen. Für etwa 25 Minuten backen. Dann den Obstboden aus der Form lösen und abkühlen lassen.

Für die Mandarinen-Schmandcreme die Gelatineblätter für einige Minuten in kaltem Wasser einweichen.

In der Zwischenzeit den Schmand, den Quark und den Zitronenschalenabrieb zu einer Creme verrühren. Die Sahne steif schlagen und in die Schlagsahne die Süßmittel einarbeiten.

Die eingeweichten Gelatineblätter mit den Händen ausdrücken und in einem kleinen Topf bei geringer Hitze schmelzen lassen. Den Topf von der heißen Herdplatte nehmen und 2–3 Esslöffel von der Quarkcreme mit einem Schneebesen unter die warme Gelatine rühren. Die Gelatinecreme unter die restliche Quarkcreme in der Rührschüssel rühren. Zum Schluss die süße geschlagene Sahne unterheben und die Mandarinenstücke zufügen. Die Creme auf den Kuchenboden geben und für mehrere Stunden in den Kühlschrank stellen, damit die Gelatine anziehen kann.

Die Mandarinen-Schmandcreme eignet sich auch wunderbar als alternative Füllung für die fruchtigen Himbeer-Joghurtschnitten auf Seite 84.

Nährwerte pro Stück:
Kilokalorien: 229, Fett: 19,0 g, Kohlenhydrate: 5,7 g, Eiweiß: 8,4 g

Mandarinen-Schmandcreme praktisch auf einem Obstboden geparkt …

Schokosahnerolle

10 Stücke

Für die Schokosahne:

20 g Kakaofasern (alternativ Kakaopulver)
10 g Kakaopulver
15 g Eiweißpulver, Schokolade
40 g Puder-Erythrit
300 ml Sahne

Für die Teigrolle:

1 Eigelb, Größe L
30 g Erythrit
1 TL Stevia-Streupulver mit Erythrit
45 g Eiweißpulver, Schokolade
10 g Kakaopulver
30 g Kokosmehl
1 TL Backpulver
½ TL Guarkernmehl
200 ml Milch
3 Eiweiße, Größe L, steif geschlagen

Schokotorte gerollt geht echt einfach …

Den Backofen auf 175 °C Umluft vorheizen.

Die Kakaofasern mit dem Kakaopulver, dem Eiweißpulver und dem Puder-Erythrit mischen. Die Sahne schlagen, bis sie steif ist, und dann nach und nach die trockene Mischung unterschlagen. Die Schokosahnecreme kalt stellen, bis sie gebraucht wird.

Für die Teigrolle das Eigelb mit dem Erythrit und dem Stevia-Streupulver aufschlagen. Die trockenen Zutaten für den Teig mischen. Dann esslöffelweise die trockene Mischung unterrühren und dabei immer wieder etwas Milch zufügen. Zum Schluss vorsichtig das geschlagene Eiweiß unterheben. Den Teig auf ein mit Backpapier belegtes Blech geben und rechteckig etwa 0,5 Zentimeter dick ausstreichen. Anschließend für 12 Minuten backen und danach abkühlen lassen.

Den gebackenen Teig vom Backpapier lösen und die Schokosahne auf die Teigplatte streichen. Vorsichtig aufrollen und anschließend in Scheiben schneiden.

Nährwerte pro Stück:
Kilokalorien: 158, Fett: 11,3 g, Kohlenhydrate: 3,2 g, Eiweiß: 9,2 g

Kinderschoki-Cheesecake

Eine Springform mit 18 Zentimetern Durchmesser. Ergibt 8 Stücke

Für den Boden:
65 g Butter, weich
1 Ei, Größe M
35 g Erythrit
3 TL Stevia-Streupulver mit Erythrit
45 g Mandelmehl, entölt
25 g Mandelmehl, nicht entölt
25 g Eiweißpulver, Schokolade
15 g Kakaopulver
1 TL Backpulver
5 g Butter, zum Fetten der Form

Da strahlt das Gesicht wie das auf einer Schokoladen-packung …

Für die Käsecreme:
300 g Frischkäse, vollfett
25 g Eiweißpulver, Vanille
30 g Erythrit
2 TL Stevia-Streupulver mit Erythrit
2 Eier, Größe M
50 g Schokodrops, zuckerfrei, weiß

Den Backofen auf 175 °C Umluft vorheizen.

Die weiche Butter mit dem Ei, dem Erythrit und dem Stevia-Streupulver verrühren. Die restlichen Zutaten für den Boden vorweg mischen und dann esslöffelweise unterrühren. Den festen Teig für eine Stunde in den Kühlschrank legen.

Für die Käsecreme alle Bestandteile cremig verrühren, die hellen Schokodrops dabei als Letztes zufügen.

Die Springform am Rand mit etwas Butter einfetten und für den Boden ¼ Blatt Backpapier einklemmen. Den dunklen Teig auf den Boden und den Rand verteilen und mit den Fingern gut festdrücken. Dann die süße Käsecreme in die Kuchenform gießen.

Den Kuchen direkt mit Alufolie verschließen und so für 45 Minuten in den Backofen stellen. Nach Ablauf der Zeit die Alufolie entfernen und den Cheesecake erneut für 15 Minuten in den Ofen stellen und leicht bräunen lassen.

Nährwerte pro Stück:
Kilokalorien: 294, Fett: 24,4 g, Kohlenhydrate: 4,8 g, Eiweiß: 14,4 g

Haselnuss-Striezel

10 Stücke

Für den Striezelteig:
100 ml Milch
5 g Kokosblütenzucker (alternativ Haushaltszucker)
1 TL Trockenhefe
50 g Mandelmehl, entölt
25 g Eiweißpulver, Haselnuss
25 g Eiweißpulver, Vanille (wer keine 2 Sorten hat, nimmt nur eine)
25 g Kokosmehl
1 ½ TL Backpulver
1 TL Guarkernmehl
125 g Mozzarella, 45 % Fett, in kleine Würfel geschnitten
50 g Butter
1 Ei, Größe L
50 g Erythrit
1 TL Stevia-Streupulver mit Erythrit

Für die Nussfüllung:
65 g Haselnüsse, gemahlen
65 g Haselnüsse, gehackt
25 ml Karamellsirup, zuckerfrei (gibt es im Supermarkt im Kaffeeregal)
75 g TK-Mango, ungezuckert, püriert (alternativ frische Mango)

Nusskuchen mit Hefe, sehr fein ...

Für das Topping:
25 g Haselnüsse, gehackt
40 g Puder-Erythrit
1 EL Zitronensaft

Den Backofen auf 175 °C Umluft vorheizen.

Die Milch leicht erwärmen und darin den Kokosblütenzucker mit der Trockenhefe verrühren. Die Mischung für 10 Minuten stehen lassen.

Die trockenen Zutaten bis zum Guarkernmehl in einer Schüssel vermischen.

Die Mozzarellawürfel, die Butter, das Ei und die Süßmittel gemeinsam mit dem Pürierstab pürieren. In diese Masse esslöffelweise die trockenen Zutaten unterrühren. Wenn der Teig zu fest wird, nach und nach die Hefemilch zufügen und alles zu einem Teig mischen. Den Teig im Kühlschrank etwas ruhen lassen.

In der Zwischenzeit für die nussige Füllung alle Zutaten vermengen.

Den Striezelteig zwischen 2 Blättern Backpapier rechteckig ausrollen. Wenn der Teig etwa 1 Zentimeter dick ist, die Nussmischung auf dem Teig verteilen. Den Teig mit der Nussfüllung von beiden Seiten je ⅓ einschlagen und dann eine Seite des Teiges über die andere Hälfte hinaus umschlagen. Den Striezel drehen, damit die durch die Überlappung entstandene Öffnung oben liegt, und das Backpapier mit dem Striezel auf ein Backblech legen.

Nun die gehackten Haselnüsse über den Kuchen streuen und etwas festdrükken. Für 30–35 Minuten backen. Den Striezel beim Backen von Anfang an mit einem locker aufgelegten Blatt Backpapier schützen und anschließend abkühlen lassen.

Für den Guss das Puder-Erythrit gemeinsam mit dem Zitronensaft erhitzen, den Guss vorsichtig auf den Kuchen pinseln und aushärten lassen.

Nährwerte pro Stück:
Kilokalorien: 241, Fett: 18,0 g, Kohlenhydrate: 4,2 g, Eiweiß: 13,5 g

Maulwurfkuchen

Eine Springform mit 18 Zentimetern Durchmesser. Ergibt 8 Stücke

Für den Erdhaufen:
50 g Butter, weich
2 Eier, Größe M
50 g Erythrit
2 TL Stevia-Streupulver mit Erythrit
25 g Kokosmehl
25 g Mandelmehl, entölt
35 g Eiweißpulver, Schokolade
15 g Kakaopulver
1 TL Backpulver
100 ml Milch
5 g Butter, zum Fetten der Form
250 g frische Erdbeeren, das Grün abgeschnitten

Mehr Lieblingskuchen geht nicht …

Für die Sahnequarkcreme:
2 Eiweiße, Größe M, steif geschlagen
50 g Puder-Erythrit
25 g Eiweißpulver, Vanille
100 ml Sahne, steif geschlagen
250 g Quark, 40 % Fett
2 Blätter Gelatine

Den Backofen auf 175 °C Umluft vorheizen.

Die Butter mit den Eiern und den Süßmitteln verrühren. Die trockenen Zutaten für den Schokoladenkuchen vorweg in einer Schüssel abwiegen und mischen. Dann esslöffelweise die trockene Mischung unterrühren. Immer, wenn der Teig zu kompakt wird, etwas von der Milch zufügen.

Den Teig in eine mit Butter gefettete Kuchenform füllen (am besten zusätzlich den Boden mit Backpapier belegen) und für 35–40 Minuten backen. Den Kuchen abkühlen lassen und wie einen Tortenboden einmal in der Mitte durchschneiden. Die obere Hälfte mit den Fingern zerbröseln und auf die untere Hälfte ganze Erdbeeren stellen. Außen am Kuchen einen Rand von etwa 1 Zentimeter frei lassen.

Für die Sahnequarkcreme unter die beiden steif geschlagenen Eiweiße das Puder-Erythrit und das Eiweißpulver rühren. Dann die geschlagene Sahne und den Quark unterheben.

Die Gelatineblätter für 5 Minuten in kaltem Wasser einweichen und auf dem Herd in geringer Hitze schmelzen lassen. Den Topf vom Herd nehmen und 2–3 Esslöffel von der Sahnequarkcreme zügig mit einem Schneebesen unter die warme Gelatine rühren. Die cremige Gelatinemischung vorsichtig unter die komplette Sahnequarkcreme heben.

Die Creme wie eine Kuppel über den Erdbeeren verteilen und den Kuchen so für mindestens 3 Stunden in den Kühlschrank stellen. Dann den Kuchen großzügig mit den schokoladigen Krümeln bestreuen und diese ganz leicht festdrücken. Den Kuchen im Kühlschrank für weitere 3 Stunden kühlen.

Nährwerte pro Stück:
Kilokalorien: 226, Fett: 15,1 g, Kohlenhydrate: 5,1 g, Eiweiß: 15,5 g

Low-Carb-Bienenstich

Eine eckige Form mit 21 × 18 Zentimetern. Ergibt 8 Stücke

Summ, summ, summ,
Bienchen summ herum ...

Für den Teig:
125 ml Milch
5 g Kokosblütenzucker (alternativ Haushaltszucker)
1 TL Trockenhefe
75 g Butter, weich
2 Eier, Größe L
50 g Erythrit
2 TL Stevia-Streupulver mit Erythrit
1 Prise Salz
40 g Eiweißpulver, Vanille
50 g Mandelmehl, entölt
30 g Kokosmehl
2 TL Backpulver
5 g Butter, zum Fetten der Form

Für die Mandelmischung:
90 g Mandelblättchen
25 g Butter
35 g Erythrit
15 g Yaconsirup (alternativ 10 g Kokosblütenzucker oder -sirup)

Für die Füllung:
250 ml Sahne, gekühlt
2–3 TL Stevia-Streupulver mit Erythrit (nach Geschmack)
25 g Eiweißpulver, Vanille
150 g Quark mit 40 % Fett

Den Backofen auf 175 °C Umluft vorheizen.

Die Milch leicht erwärmen und darin den Kokosblütenzucker mit der Trockenhefe verrühren. Die Mischung für 10 Minuten stehen lassen.

Für den Teig die Butter mit den Eiern aufschlagen und die Süßmittel und das Salz unterrühren. Dann die Hefemilch zufügen. Die Mehle/Pulver für den Teig mischen und esslöffelweise unterrühren. Die Backform mit Backpapier auslegen und den Rand mit Butter einfetten. Den Bienenstichteig in die Form füllen und glatt streichen.

In einer Pfanne die Mandelblättchen ohne Fett kurz rösten. Dann die Butter, das Erythrit und den Yaconsirup untermischen. Die Pfanne vom Herd nehmen und die Mandelmischung über dem rohen Teig in der Kuchenform verteilen. Nun den Bienenstich für 35 Minuten backen. Wenn die Mandeldecke beginnt, dunkel zu werden, diese mit Alufolie abdecken.

Anschließend den Kuchen abkühlen lassen und einmal in der Mitte wie einen Tortenboden durchschneiden.

Für die Füllung die Sahne steif schlagen und das Stevia-Streupulver und das Vanille-Eiweißpulver untermischen. Zum Schluss den Quark mit einem Teigspatel unterheben.

Die süße Sahnecreme auf dem unteren Teil des Kuchens verteilen und die zweite Hälfte mit den knusprigen Mandelblättchen daraufsetzen. Da die karamellisierten Mandeln nicht so einfach zu schneiden sind, empfiehlt es sich, das Oberteil bereits in Kuchengröße zu schneiden und in Stücken auf die Creme zu legen.

Nährwerte pro Stück:
Kilokalorien: 395, Fett: 31,7 g, Kohlenhydrate: 6,3 g, Eiweiß: 18,7 g

Low-Carb-Donauwelle

Eine eckige Form mit etwa 21 × 21 Zentimetern. Ergibt 9 Stücke

Für den Rührteig:
45 g Mandelmehl, entölt
45 g Kokosmehl
50 g Eiweißpulver, Vanille
90 g Mandelmehl, nicht entölt
3 TL Backpulver
120 g Butter, weich
5 Eier, Größe M
80 g Erythrit
4 TL Stevia-Streupulver mit Erythrit
1 Prise Salz
100 ml Sahne
75 ml Milch
5 g Butter, zum Fetten der Form

Donauwelle ist bei den Lieblingskuchen immer ganz vorne dabei …

Zusätzlich für den dunklen Teig:
35 g Kakaopulver
1 TL Stevia-Streupulver mit Erythrit
50 ml Milch
125 g TK-Sauerkirschen, ungezuckert

Für die helle Creme:
150 ml Sahne
2 TL Stevia-Streupulver mit Erythrit
20 g Eiweißpulver, Vanille
150 g Mascarpone

Für den Schokoguss:
150 g Schokolade, 75 % Kakaoanteil
5 g Kokosöl
1 TL Stevia-Streupulver mit Erythrit, gesiebt

Den Backofen auf 175 °C Umluft vorheizen.

Die trockenen Zutaten für den Rührteig bis zum Backpulver in einer Schüssel abwiegen und mischen.

Die weiche Butter mit den Eiern, den Süßmitteln und der Prise Salz in einer Rührschüssel verrühren. Esslöffelweise die trockene Mischung unterrühren und immer, wenn der Teig zu fest wird, in Portionen die Sahne und Milch zufügen.

Die Backform einfetten beziehungsweise den Boden mit Backpapier auslegen. Die Hälfte des hellen Teiges in die Backform geben und verstreichen. In die andere Teighälfte das Kakaopulver, das Stevia-Streupulver und die zusätzliche Milch geben und alles zu einem dunklen Teig verrühren. Den Schokoladenteig über dem hellen Teig verteilen. Nun die Sauerkirschen auf den dunklen Teig streuen und leicht eindrücken. Die Donauwelle für 45 Minuten backen und anschließend abkühlen lassen.

Für die helle Creme die Sahne steif schlagen, das Stevia-Streupulver und das Eiweißpulver unterschlagen und esslöffelweise die Mascarponecreme unterrühren.

Den abgekühlten Kuchen wieder in die Kuchenumrandung geben, um diese wie einen Tortenring zu nutzen, und die helle Creme auf dem Kuchen verteilen. Anschließend für 2 Stunden kalt stellen. Die Schokolade mit dem Kokosöl im Wasserbad schmelzen lassen und das Stevia-Streupulver unterrühren. Kurz abwarten, bis die Schokolade nicht mehr so warm, aber noch flüssig ist. Dann die Schokolade vorsichtig auf der hellen Creme verteilen und aushärten lassen.

Nährwerte pro Stück:
Kilokalorien: 553, Fett: 46,7 g, Kohlenhydrate: 9,5 g, Eiweiß: 20,0 g

Gebackene Kleinigkeiten, so sweet

Nun kommen gebackene Kleinigkeiten, die immer wieder gerne gegessen werden. Manchmal gibt es eben Leckereien, die man so gerne mag, dass es ein Low-Carb-Äquivalent zwingend braucht, um nicht das bohrende Gefühl von Verzicht zu entwickeln. Für mich nettes Krümelmonster sind das übrigens die Haferkekse mit Schokolade, die ich schon immer heiß und innig liebe und die mir heute zu einer guten Tasse Tee den Tag ohne schlechtes Gewissen versüßen.

Low-Carb-Mandelecken

Eine eckige Backform mit etwa 23 × 23 Zentimetern. Ergibt 8 Mandelecken

Für die fruchtige Füllung:
75 g TK-Himbeeren, ungezuckert (alternativ Mango oder frische Aprikose/Pfirsich)
1 TL Rosenwasser
2 EL Vanillesirup, zuckerfrei (gibt es im Supermarkt im Kaffeeregal)

Für den Mandelbelag:
100 g Mandelmehl, nicht entölt
100 g Mandeln, gehackt
50 g Butter, geschmolzen
40 g Puder-Erythrit
1 EL Vanillesirup, zuckerfrei

Für den Boden:
75 g Butter, weich
2 Eier, Größe M
50 g Erythrit
3 TL Stevia-Streusüße mit Erythrit
1 Prise Salz
50 g Eiweißpulver, Vanille
50 g Mandelmehl, nicht entölt
30 g Mandelmehl, entölt
1 ½ TL Backpulver
5 g Butter, zum Fetten der Form

Für das Schokotopping:
50 g Schokodrops, zuckerfrei, weiß
10 g Kokosöl

Den Backofen auf 175 °C Umluft vorheizen.

Die TK-Himbeeren mit dem Rosenwasser und dem Vanillesirup pürieren.

Für den Belag das nicht entölte Mandelmehl und die gehackten Mandeln mit der geschmolzenen Butter, dem Puder-Erythrit und dem zuckerfreien Vanillesirup mischen.

Für den Boden die Butter mit den Eiern verrühren und die Süßmittel mit dem Salz zugeben. Die restlichen trockenen Zutaten für den Teig vorweg mischen und dann esslöffelweise unter die süße Butter-Eier-Mischung rühren.

Bei einer eckigen Backform den Boden mit Backpapier auslegen. Den Rand mit etwas Butter einfetten. Den Teig in die Form geben und glatt streichen. Darauf die Himbeerfruchtsoße geben und dünn verstreichen. Über der Himbeersoße die vorbereitete Mandelmischung verteilen und leicht festdrücken. Anschließend die Mandelecken für 30 Minuten im Ofen backen.

Den Mandelkuchen nach dem Backen noch warm in acht (oder mehr) Dreiecke schneiden und abkühlen lassen.

Die hellen Schokoladendrops mit dem Kokosöl im Wasserbad schmelzen lassen und die flüssige Schokolade in eine kleine Gefriertüte geben. Eine Ecke der Gefriertüte stecknadelkopfgroß aufschneiden und die Schokolade mit der selbst gebauten Spritztüte über den Mandelecken verteilen.

Nährwerte pro Stück:
Kilokalorien: 410, Fett: 36,2 g, Kohlenhydrate: 5,3 g, Eiweiß: 15,4 g

Nussecken mal etwas anders …

Quarkschnecken

15 Stücke

Für den Schneckenteig:
100 ml Milch
5 g Kokosblütenzucker (alternativ Haushaltszucker)
1 TL Trockenhefe
50 g Mandelmehl, entölt
50 g Eiweißpulver, Vanille
25 g Kokosmehl
50 g Erythrit
1 TL Stevia-Streupulver mit Erythrit
1 TL Backpulver
1 TL Guarkernmehl
125 g Mozzarella, 45 % Fett, in kleine Würfel geschnitten
50 g Butter
1 Ei, Größe L

Für die Quarkcreme:
250 g Quark, 40 % Fett
25 g Puder-Erythrit
15 g Eiweißpulver, Vanille

Den Backofen auf 175 °C Umluft vorheizen.

Die Milch leicht erwärmen, darin den Kokosblütenzucker mit der Trockenhefe verrühren und die Mischung für 10 Minuten stehen lassen.

Die trockenen Zutaten für den Schneckenteig vorweg in einer kleinen Schüssel vermischen.

Ich liebe Schnecken – außer im Garten …

Die Mozzarellawürfel mit der Butter und dem Ei pürieren. Die Masse in eine Rührschüssel umfüllen und esslöffelweise die trockenen Zutaten unterrühren. Immer, wenn der Teig zu kompakt wird, etwas von der Hefemilch zufügen. Anschließend den Teig etwa 30 Minuten im Kühlschrank ruhen lassen.

Für die Quarkcreme den Quark mit dem Erythrit und dem Eiweißpulver verrühren.

Nach der Kühlzeit den Teig rechteckig auf 1 Zentimeter Dicke ausrollen. Am besten klappt das zwischen 2 Blättern Backpapier. Nun auf der Teigplatte die süße Quarkmischung verteilen. Anschließend den Teig vorsichtig mithilfe des Backpapiers aufrollen. Die Teigrolle mit einem Messer in etwa 1–2 Zentimeter dicke Scheiben schneiden und diese mit der Schnittfläche nach oben auf ein mit Backpapier belegtes Blech legen. Für 15–20 Minuten goldbraun backen. Da die Quarkschnecken sehr schnell bräunen, besser zum Schutz während des Backens ein Blatt Backpapier locker auf die Schnecken legen und es bei Bedarf 1–2 Minuten vor dem Ende der Backzeit entfernen. Anschließend die Quarkschnecken auf einem Kuchenrost abkühlen lassen.

Wer sich die Quarkschnecken noch mit einem Zuckerguss versüßen möchte, kann den Guss des versunkenen Rhabarberkuchens (Seite 36) auf den ausgekühlten Quarkschnecken verteilen.

Nährwerte pro Stück:
Kilokalorien: 116, Fett: 7,5 g, Kohlenhydrate: 1,9 g, Eiweiß: 10,0 g

Low-Carb-Kreppel

6 Stücke

Kreppel, Krapfen oder doch Berliner Pfannkuchen ...

250 g Quark, 20 % Fett
3 Eier, Größe M
25 g Kokosmehl
15 g Flohsamenschalen
65 g Eiweißpulver, Vanille
2 TL Backpulver
750 g Butterschmalz, zum Frittieren
(pro Kreppel bleiben etwa 15 g hängen)
30 g Erythrit, zum Wenden der Kreppel
1 TL Stevia-Streupulver mit Erythrit, zum Wenden der Kreppel

Für die Himbeerfüllung:
80 g TK-Himbeeren, ungezuckert
1 TL Stevia-Streupulver mit Erythrit

Alle Zutaten bis zum Eiweißpulver auf einen Schlag verrühren und dann für einige Minuten in der Schüssel quellen lassen. Das Backpulver anschließend fein in den Teig sieben und unterrühren. Den Teig mit nassen Händen in runde Fladen formen. Nicht bauchig, sondern flach formen, sonst werden die Kreppel in der Mitte nicht schnell genug durchgebacken.

Während der Teig quillt, das Butterschmalz in einem Topf erhitzen. Mit einem Holzstäbchen die Hitze prüfen. Es sollten sich Perlen bilden, wenn man das Stäbchen hineinhält.

Auf 2–3 Etappen die Kreppel im heißen Fett ausbacken, bis sie braun sind. Das dauert jeweils 10 Minuten. Die Kreppel beim Frittieren immer wieder drehen. Anschließend mit der Schaumkelle aus dem Topf nehmen und die Kreppel auf Küchenpapier abkühlen lassen.

Für die Füllung die gefrorenen Himbeeren erwärmen und verrühren. Dann einen Teelöffel Stevia-Streupulver unterrühren. Die Himbeermasse abkühlen lassen und anschließend mit einer Füllspritze in die Kreppel spritzen.

Nun das zusätzliche Erythrit und 1 TL Stevia-Streupulver mischen und die Kreppel darin wenden.

Nährwerte pro Stück:
Kilokalorien: 273, Fett: 20,2 g, Kohlenhydrate: 3,6 g, Eiweiß: 17,2 g

Haferkekse mit Schokolade

22 Stück

75 g Butter, weich
2 Eier, Größe M
60 g Erythrit
3 TL Stevia-Streupulver mit Erythrit
1 Prise Salz
40 g Eiweißpulver, Vanille
30 g Mandelmehl, entölt
40 g Mandelmehl, nicht entölt
80 g Haferkleie
1 TL Backpulver

Da werd ich zum Krümelmonster …

Zum Bestreichen der Kekse:
75 g Bitterschokolade, zuckerfrei
5 g Kokosöl

Den Backofen auf 175 °C Umluft vorheizen.

Die Butter mit den Eiern aufschlagen und die Süßmittel und das Salz unterrühren. Die restlichen Zutaten vorweg mischen und esslöffelweise unterrühren.

Den Teig in Kugeln von je 20 g abwiegen und diese zwischen den Handflächen platt drücken, bis der Teigling etwa 3–4 mm dick ist. Auf zwei mit Backpapier belegte Bleche legen, für 10–12 Minuten backen und anschließend abkühlen lassen.

Die Schokolade mit dem Kokosöl im Wasserbad schmelzen und die Unterseite der Kekse damit bestreichen. Die Schokolade aushärten lassen und loskrümeln.

Nährwerte pro Stück:
Kilokalorien: 91, Fett: 6,8 g, Kohlenhydrate: 3,1 g, Eiweiß: 4,0 g

Mohn-Schmandküchlein mit Johannisbeeren

6 Stück

250 g Schmand, 20 % Fett
1 Ei, Größe L
25 g Kokosmehl
35 g Eiweißpulver, Vanille
30 g Puder-Erythrit
½ TL Backpulver
15 g Mohn, ganz oder gemahlen
90 g Johannisbeeren (alternativ Heidelbeeren)

Den Backofen auf 175 °C Umluft vorheizen.

Alle Zutaten bis auf die Johannsbeeren in eine Rührschüssel füllen und verrühren. Den Teig für 1–2 Minuten quellen lassen.

Die cremige Masse in 6 Portionen in einer (Silikon-)Muffinform verteilen. Falls notwendig, die Form einfetten. Nun die Johannisbeeren locker auf den Teig streuen.

Die Schmandküchlein für etwa 25 Minuten backen und dann abkühlen lassen.

Nährwerte pro Stück:
Kilokalorien: 154, Fett: 11,1 g, Kohlenhydrate: 3,0 g, Eiweiß: 8,7 g

Mohn meets Schmandküchlein …

Fruchtige Himbeer-Joghurtschnitten

Eine eckige Form mit etwa 30 × 30 Zentimetern. Ergibt 8 Stücke

Sommerlich lecker und leicht …

Für den Teig:
75 g Butter, geschmolzen, lauwarm
3 Eier, Größe M
75 g Erythrit
3 TL Stevia-Streupulver mit Erythrit
40 g Kokosmehl
45 g Mandelmehl, entölt
55 g Eiweißpulver, Vanille
2 TL Backpulver
150 ml Milch
5 g Butter, zum Fetten der Backform

Für die Füllung:
100 ml Sahne
30 g Puder-Erythrit
2 TL Stevia-Streupulver mit Erythrit
2 Blätter Gelatine
150 g Griechischer Joghurt, 10 % Fett
100 g Quark, 20 % Fett
½ TL Abrieb einer Bio-Zitronenschale
250 g Himbeeren, halbiert (alternativ klein geschnittene Erdbeeren)

Den Backofen auf 175 °C Umluft vorheizen.

Die Butter mit den Eiern und den Süßmitteln in einer Rührschüssel verrühren. Die restlichen trockenen Zutaten abwiegen und in einer kleinen Schüssel mischen. Nun esslöffelweise die trockene Mischung unterrühren. Immer, wenn der Teig zu fest wird, von der Milch zugeben. Den Teig in eine mit Backpapier ausgelegte und am Rand mit Butter eingefettete eckige Form streichen und anschließend für 16–18 Minuten backen.

Für die Füllung die Sahne steif schlagen und die Süßmittel für die Füllung untermischen. Die Gelatineblätter für wenige Minuten in kaltem Wasser einweichen. Den Joghurt, den Quark und den Zitronenschalenabrieb zu einer Creme verrühren. Die weichen Gelatineblätter ausdrücken und in einem kleinen Topf bei geringer Hitze schmelzen lassen. Den Topf vom Herd nehmen und 2–3 Esslöffel von der Quarkcreme mit dem Schneebesen unter die geschmolzene Gelatine rühren. Die Gelatinecreme nun zügig unter die Joghurtquarkcreme rühren. Anschließend die süße geschlagene Sahne unterheben und zum Schluss die frischen Himbeeren zufügen.

Die gebackene Teigfläche in 2 Teile von 15 × 30 Zentimetern halbieren und diese um 180 Grad auf den Kopf drehen. Nun die Himbeercreme auf einer Hälfte verteilen. Die zweite Teighälfte auf die Himbeerfüllung legen. Anschließend für mindestens 4 Stunden in den Kühlschrank stellen, damit die Gelatine anziehen kann. Anschließend in Schnitten schneiden.

Nährwerte pro Stück:
Kilokalorien: 268, Fett: 18,6 g, Kohlenhydrate: 5,8 g, Eiweiß: 16,8 g

Prinzessinnenrolle

12 Stück

Für die Prinzessinnenrollenkekse:
75 g Butter, weich
1 Ei, Größe M
1 Eigelb, Größe M
60 g Erythrit
2 TL Stevia-Streupulver mit Erythrit
1 Prise Salz
50 g Eiweißpulver, Vanille
50 g Mandelmehl, nicht entölt
25 g Mandelmehl, entölt
1 TL Backpulver
¼ TL Bourbonvanille, gemahlen
½ TL Guarkernmehl

Wir sind alle Prinzessinnen …

Für die Schokoladenfüllung:
25 g Butter
50 ml Sahne
100 g Schokodrops, zuckerfrei, dunkel
100 g Mascarpone
50 g Puder-Erythrit

Den Backofen auf 170 °C Umluft vorheizen.

Die weiche Butter mit dem Ei und dem Eigelb aufschlagen und die Süßmittel mit dem Salz untermischen.

Die restlichen Zutaten für den Teig in einer kleinen Schüssel mischen und esslöffelweise unterrühren, bis ein kompakter Teig entsteht. Den Teig in eine dicke Rolle mit circa 5–6 Zentimetern Durchmesser formen und diese in Frischhaltefolie gepackt für etwa 2 Stunden im Kühlschrank ruhen lassen. Danach die Teigrolle mithilfe eines Fadens oder mit einem Messer in 4–5 mm dicke Scheiben schneiden und diese auf mit Backpapier belegte Bleche legen. Die Kekse etwa 9–11 Minuten goldgelb backen und anschließend auskühlen lassen.

Die Butter, die Sahne und die Schokodrops in einem kleinen Topf schmelzen und lauwarm die Mascarponecreme und das Puder-Erythrit unterrühren. Die Schokoladenfüllung abkühlen lassen, je nach Zimmertemperatur im Kühlschrank, und mit einem Teelöffel die Creme auf die eine Hälfte der Kekse geben. Die andere Hälfte darauflegen und leicht andrücken.

Reste der Creme können bei Zimmertemperatur wie ein Brotaufstrich genutzt werden oder schmecken, in Pralinenförmchen gefroren, wie leckeres Eiskonfekt.

Nährwerte pro Stück:
Kilokalorien: 214, Fett: 19,0 g, Kohlenhydrate: 1,9 g, Eiweiß: 7,0 g

Low-Carb-Granatsplitter

9 Stück

Für die Granatsplitterböden:
50 g Butter, weich
1 Ei, Größe M
30 g Erythrit
1 TL Stevia-Streupulver mit Erythrit
35 g Eiweißpulver, Vanille
35 g Mandelmehl, entölt
½ TL Backpulver

Den Aufwand ist es wirklich wert …

Für die Teigwürfel im Granatsplitter:
40 g Butter, weich
2 Eier, Größe M
35 g Erythrit
1 Prise Salz
1 TL Stevia-Streupulver mit Erythrit
20 g Mandelmehl, entölt
20 g Kokosmehl
20 g Eiweißpulver, Vanille
50 g Mandelmehl, nicht entölt
1 TL Backpulver
½ TL Guarkernmehl
50 ml Milch
5 g Butter, zum Fetten der Form

Für die schokoladige Granatsplittercreme:
175 ml Sahne
1 TL Rum (alternativ 1–2 Tropfen Rumaroma)
150 g Butter
50 g Puder-Erythrit
2 TL Stevia-Streupulver mit Erythrit

15 g Eiweißpulver, Vanille
10 g Kakaopulver
¼ TL Guarkernmehl

Für den Schokoladenüberzug:
120 g Milchschokolade, zuckerfrei
120 g Bitterschokolade, zuckerfrei
15–25 g Kokosöl (hängt etwas davon ab, wie flüssig die Schokolade beim Schmelzen wird)

Den Backofen auf 170 °C Umluft vorheizen.

Für die Granatsplitterböden die Butter mit dem Ei aufschlagen und die Süßmittel unterrühren. Die Mehle/Pulver mischen und esslöffelweise unterrühren. Der Teig ist relativ fest. Im Kühlschrank in etwas Frischhaltefolie gepackt für mindestens eine Stunde ruhen lassen.

Den Teig etwa 4–5 mm dick zwischen 2 Blättern Backpapier oder Frischhaltefolie ausrollen und anschließend mit einem Glas (Durchmesser circa 7 Zentimeter) 9 Taler ausstechen. Die runden Teigscheiben auf ein mit Backpapier belegtes Blech legen und zum Schutz ein weiteres Blatt Backpapier locker auflegen, damit die Kekse nicht zu dunkel werden. Für 9–11 Minuten backen.

Für die Teigwürfel die Butter mit den Eiern verrühren und die Süßmittel und die Prise Salz unterrühren. Die trockenen Zutaten für den Teig vorweg mischen und danach in die Butter-Eier-Mischung rühren. Die Milch immer dann zufügen, wenn der Teig zu fest wird. Den fertigen Rührteig in eine mit Backpapier ausgelegte und am Rand eingefettete 18-Zentimeter-Springform füllen und für 30 Minuten backen. Anschließend aus der Form nehmen, abkühlen lassen und in kleine Würfel schneiden.

Für die cremige Füllung der Granatsplitter die Sahne mit dem Rum erhitzen und die Butter darin schmelzen lassen. Das Erythrit und das Stevia-Streupulver einrühren. Die restlichen Zutaten vorweg mischen und dann mit einem Schneebesen unterrühren. Die dicke Creme erkalten lassen und dabei immer wieder durchrühren. Wenn die Creme kalt ist, die klein geschnittenen Teigstücke untermischen.

Auf die runden Keksböden die Granatsplittermasse wie ein Berg türmen und anschließend für 1–2 Stunden kalt stellen.

Die beiden Schokoladen mit dem Kokosöl gemeinsam im Wasserbad schmelzen lassen. Für das Überziehen mit der Schokolade setzt man die Granatsplitter jeweils einzeln auf einen Schaumlöffel und übergießt ihn vorsichtig mithilfe eines Esslöffels mit der Schokolade. Die Granatsplitter danach auf einem mit Backpapier belegten Blech auskühlen lassen.

Nährwerte pro Stück:
Kilokalorien: 541, Fett: 48,4 g, Kohlenhydrate: 9,4 g, Eiweiß: 16,6 g

Ei verditscht – herzhafte Backwaren für alle

Kennen Sie den verführerischen Duft, wenn Ihnen beim Vorbeischlendern an den Tempeln der gebackenen Glückseligkeiten der Duft von frisch überbackenem Käse in die Nase zieht? Direkt setzt Speichelfluss ein und das Gehirn sendet kaum zu ignorierende Hungersignale. Mit den folgenden Rezepten dürfen Sie herzhafte Backwaren nicht nur riechen, sondern lecker und dazu Low Carb genießen.

Zwiebelkuchenpizza

Ein Backblech. Ergibt 4 Portionen

Für den Belag:
20 ml Olivenöl, nativ extra
400 g Zwiebeln, geschält, in Ringe geschnitten
125 g Schinkenspeck, gewürfelt
100 g Schmand, 24 % Fett
1 Ei, Größe L
½ TL Paprikapulver, edelsüß
½ TL Kümmel, ganz (nach Geschmack)
75 g Gruyère, gerieben
Salz und Pfeffer

Schon beim Schreiben des Rezeptes setzte Speichelfluss ein ...

Für den Boden:
250 ml Buttermilch
3 Eier, Größe M
25 g Flohsamenschalen
40 g Eiweißpulver, Natural
25 g Kokosmehl
25 g Kartoffelfasern
1 TL Backpulver
1 TL Salz

Den Backofen auf 175 °C Umluft vorheizen.

Für den Belag das Olivenöl in einer großen Pfanne erwärmen und die Zwiebelringe für etwa 10–15 Minuten weich braten. Anschließend leicht abkühlen lassen. Danach die Zwiebelringe mit den Schinkenwürfeln, dem Schmand, dem Ei, dem Paprikapulver und dem Kümmel verrühren. Die Zwiebelmischung kräftig mit Salz und Pfeffer abschmecken.

Für den Pizzaboden alle Zutaten in eine Rührschüssel geben und verrühren. Den Teig einige Minuten quellen lassen und mit feuchten Fingern oder einem Tortenheber auf einem mit Backpapier vorbereiteten Blech großflächig verteilen. Den Boden für 20 Minuten ohne Belag vorbacken.

Dann den Teigboden aus dem Ofen holen, mithilfe eines zweiten Blattes Backpapiers einmal um 180 Grad auf den Kopf drehen und das Backpapier vom Backen vorsichtig abziehen. Die vorbereitete Zwiebelmischung auf der Fläche, wo vorher das Backpapier war, verteilen. Nun mit dem geriebenen Gruyère bestreuen und die Zwiebelkuchenpizza weitere 15 Minuten im Ofen backen.

Nährwerte pro Portion:
Kilokalorien: 439, Fett: 26,0 g, Kohlenhydrate: 11,3 g, Eiweiß: 32,9 g

Schinken-Käse-Scones

12 Scones

100 g Quark, 20 % Fett
100 ml Mineralwasser, mit Kohlensäure
30 ml Olivenöl, nativ extra (2 EL)
2 Eier, Größe L
30 g Eiweißpulver, Natural
35 g Goldleinsamenmehl, entölt
30 g Kokosmehl
60 g Mandelmehl, nicht entölt
2 TL Backpulver
½ TL Guarkernmehl
½ TL Salz
175 g gekochter Schinken, gewürfelt
100 g Gouda, mittelalt, grob gerieben
75 g Frühlingszwiebel, in Ringe geschnitten
50 g Gouda, mittelalt, grob gerieben, zum Bestreuen

Den Backofen auf 175 °C Umluft vorheizen.

Aus den Zutaten – außer dem Käse zum Bestreuen – einen Teig rühren und diesen quadratisch etwa 2–3 Zentimeter dick auf einem Blatt Backpapier verteilen, was einer Fläche von 18 × 26 Zentimetern entspricht. Ich drücke den Teig dazu mit nassen Händen passend in Form und drehe ihn dann mithilfe eines zweiten Blattes Backpapier einmal um 180 Grad auf den Kopf. So löst er sich anschließend besser vom Papier.

Nun die Teigplatte mit einem Messer in 12 Dreiecke schneiden und diese mithilfe eines Kuchenhebers locker verteilt auf ein mit Backpapier belegtes Blech legen. Die Scones mit dem restlichen Gouda bestreuen und dann für 20–25 Minuten backen.

Die Schinken-Käse-Scones schmecken frisch oder aufgetoastet am besten.

Nährwerte pro Stück:
Kilokalorien: 166, Fett: 11,1 g, Kohlenhydrate: 1,9 g, Eiweiß: 12,5 g

Die Scones sind ein perfekter Begleiter zu Salat …

Odenwälder Flammkuchen

3 Portionen

Kartoffel, Apfel, Schmand und Handkäs …

Für den Boden:
3 Eier, Größe M
150 g Skyr (alternativ Magerquark)
50 g Gouda, mittelalt, fein gerieben
20 g Kartoffelfasern
1 TL Erythrit
½ TL Salz

Für den Belag:
100 g Schmand, 24 % Fett
75 g rote Zwiebel, in Ringe geschnitten
100 g Bacon, in Würfel geschnitten
3 EL Schnittlauch, in Röllchen geschnitten
75 g Apfel, Boskop oder Elstar, geschält, in kleine Stücke geschnitten
75 g Handkäse/Harzer Käse, fein gewürfelt
Salz und Pfeffer

Den Backofen auf 175 °C Umluft vorheizen.

Die Zutaten für den Boden gut verrühren. Die Masse auf einem mit Backpapier belegtes Backblech dünn verstreichen und für 18–20 Minuten backen. Der Boden soll ruhig etwas Farbe bekommen. Anschließend das Backblech aus dem Ofen holen und den Boden für 2–3 Minuten abdampfen lassen.

Für den Belag den Schmand auf den Flammkuchenboden streichen. Darauf die Zwiebelringe, Baconwürfel, Schnittlauchröllchen, Apfelstücke und Käsewürfel verteilen. Leicht mit Salz und Pfeffer bestreuen und im Ofen für 12–15 Minuten backen. Anschließend in Stücke schneiden und genießen.

Perfekt passt dazu ein schöner bunter Salat, damit noch etwas Frische den Genuss abrundet.

Nährwerte pro Portion:
Kilokalorien: 404, Fett: 26,2 g, Kohlenhydrate: 9,2 g, Eiweiß: 31,1 g

Schlemmerzungen Andalus

4 Schlemmerzungen

Schmeckt nach Urlaub …

Für den Teig:
250 g Joghurt, 3,5 % Fett
3 Eier, Größe M
20 g Flohsamenschalen
45 g Eiweißpulver, Natural
35 g Goldleinsamenmehl, entölt
25 g Mandelmehl, entölt
1 TL Backpulver
1 TL Salz

Für den Belag:
30 g Tomatenmark, doppelt konzentriert
1 TL heller Balsamico-Essig
150 g Kirschtomaten, klein geschnitten
1 TL Erythrit
1 TL geräuchertes Paprikapulver, scharf (alternativ ungeräuchert)
100 g Chorizo, in Scheiben oder Würfel geschnitten
100 g rote Zwiebel, in kurze Streifen geschnitten
125 g rote Spitzpaprika, gewürfelt
80 g Manchego-Käse, grob gerieben
Salz und Pfeffer

Den Backofen auf 180 °C Umluft vorheizen.

Alle Zutaten für den Teig auf einen Schlag in eine Rührschüssel geben und zu einem Teig verrühren.

Den Teig einige Minuten quellen lassen und mit feuchten Fingern in Form von 4 Fladen auf ein mit Backpapier vorbereitetes Blech geben. Das Tomatenmark mit dem Balsamico-Essig, den klein geschnittenen Kirschtomaten, dem Erythrit und dem Paprikapulver mischen und alles mit Salz und Pfeffer abschmecken.

Anschließend die würzige Tomatenmischung auf den Schlemmerzungenböden verteilen. Darüber die Chorizo, die Zwiebelstreifen und die Paprikastücke streuen. Nun mit dem geriebenen Manchego-Käse bestreuen und die Schlemmerzungen für 25–30 Minuten backen.

Da der Teig nicht vorgebacken wurde, ruhig etwas krosser werden lassen, aber aufpassen, dass die Chorizo dabei nicht verbrennt. Dazu passt perfekt ein schöner bunter Salat und schon werden 4 Personen lecker satt.

Nährwerte pro Stück
Kilokalorien: 431, Fett: 24,4 g, Kohlenhydrate: 11,5 g, Eiweiß: 37,0 g

Deftiger Spitzkohlkuchen

Ein Kuchen mit 25–26 Zentimetern Durchmesser. Egibt 8 Stücke

Für den Kuchenboden:
50 g Butter
125 g Mozzarella, 45 % Fett, in kleine Würfel geschnitten
1 Ei, Größe M
50 g Mandelmehl, nicht entölt
30 g Kartoffelfasern (alternativ Kokosmehl)
1 TL Backpulver
¼ TL Guarkernmehl
1 TL Salz
5 g Butter, zum Fetten der Form

Herbstliche Kohlküche in Kuchenform …

Für die Füllung:
15 ml Olivenöl, nativ extra (1 EL)
650 g Spitzkohl, in Streifen geschnitten
125 g Bacon, gewürfelt
200 g Schmand, 20 % Fett
2 TL Thymian, getrocknet
3 Eier, Größe M
Salz und Pfeffer

Den Backofen auf 175 °C Umluft vorheizen.

Für den Teig die Butter, die Mozzarellawürfel und das Ei in einen Behälter geben und mit einem Pürierstab verrühren. Die Masse anschließend in eine Rührschüssel umfüllen. Die trockenen Zutaten für den Boden vorweg mischen und esslöffelweise unterrühren. Den Teig anschließend etwa 1 Stunde gekühlt ruhen lassen.

Für die Füllung das Olivenöl in einem Topf erhitzen und den Spitzkohl für 5–6 Minuten braten. Den weichen Kohl in eine Schüssel umfüllen und lauwarm abkühlen lassen. Unter den gebratenen Spitzkohl nun die Baconwürfel, den Schmand, den Thymian und die Eier unterrühren. Die Spitzkohlfüllung kräftig mit Salz und Pfeffer abschmecken und gut durchmischen.

In der Zwischenzeit in einer großen Springform am Boden Backpapier einklemmen und den Rand mit Butter einfetten. Den Teig in die Form geben, dünn verteilen und dabei einen Rand hochziehen, der mehrere Zentimeter hoch ist. Den herzhaften Kuchenteig für 15–20 Minuten ohne Füllung vorbacken.

Anschließend die Backform aus dem Ofen holen und die vorbereitete Kohlfüllung hineingeben. Für weitere 30–35 Minuten backen, vorsichtig aus der Form lösen und genießen.

Nährwerte pro Stück:
Kilokalorien: 301, Fett: 25,1 g, Kohlenhydrate: 4,6 g, Eiweiß: 12,5 g

Gezwirbelte Käsestangen

12 Käsestangen

Für den Quark-Ölteig:
250 g Magerquark
80 ml Olivenöl, nativ extra (ein mildes, eher fruchtiges Öl verwenden)
2 Eier, Größe M
45 g Eiweißpulver, Natural
45 g Goldleinsamenmehl, entölt
65 g Mandelmehl, nicht entölt
2 TL Backpulver
1 TL Guarkernmehl
1 TL Salz

Basis sind ein Quarkölteig und natürlich viel Parmesan ...

Für die Füllung:
100 g Parmesan, fein gerieben
1 TL Paprikapulver, scharf

Den Backofen auf 175 °C Umluft vorheizen.

Die Zutaten für den Quark-Öl-Teig verrühren und für 1 Stunde gekühlt ruhen lassen. In der Zwischenzeit den Parmesan für die Füllung mit dem Paprikapulver mischen.

Nach der Ruhezeit den Teig zwischen 2 Blättern Backpapier fast auf Blechgröße ausrollen.

Den Teig in der Mitte halbieren und auf eine Hälfte etwa ¾ der Paprika-Parmesan-Mischung streuen. Dann die zweite Hälfte des Teiges auf die Käseschicht umklappen und leicht festdrücken.

2 Backbleche mit Backpapier belegen. Mit einem Pizzaschneider oder Messer etwa 2 Zentimeter breite Streifen abschneiden und diese vorsichtig auf einem mit Backpapier belegten Blech wie eine Spirale drehen. So fortfahren, bis der Teig komplett in Spiralen auf den Blechen liegt.

Die Käsestangen mit dem Rest der Paprika-Parmesan-Mischung bestreuen und im Ofen für 15–18 Minuten backen.

Wer mag, kann die Stangen auch zusätzlich mit etwas Kümmel bestreuen, was sehr gut passt.

Nährwerte pro Stück:
Kilokalorien: 178, Fett: 12,8 g, Kohlenhydrate: 1,7 g, Eiweiß: 12,0 g

Cheddar-Süßkartoffel-Vesperbrötchen

7 Brötchen

200 g Hüttenkäse/körniger Frischkäse, 20 % Fett
50 g Griechischer Joghurt, 10 % Fett
250 g Süßkartoffel, grob geraspelt (alternativ Karotte oder Kürbis)
2 Eier, Größe M
75 g Cheddar, grob gerieben
70 g Haferkleie
40 g Eiweißpulver, Natural
45 g Goldleinsamenmehl, entölt
1 TL Knoblauchgranulat (alternativ Zwiebelgranulat oder Oregano)
1 TL Paprikapulver, rosenscharf
1 ½ TL Guarkernmehl
1 TL Salz
1 TL Backpulver
25 g Cheddar, grob gerieben, zum Bestreuen

Den Backofen auf 175 °C Umluft vorheizen.

Alle Zutaten – bis auf den Käse zum Bestreuen – zu einem Teig verrühren. Ein Backblech mit Backpapier belegen und dann aus dem Teig 7 Brötchen formen.

Ein tolles Pausenbrötchen, das Energie gibt und satt macht …

Brötchen mit dem restlichen geriebenen Cheddar bestreuen und für 35–40 Minuten backen. Nach etwa der halben Backzeit ein Blatt Backpapier locker über die Brötchen legen, dann bräunen sie nicht so stark.

Nährwerte pro Brötchen:
Kilokalorien: 228, Fett: 9,5 g, Kohlenhydrate: 14,6 g, Eiweiß: 19,0 g

Brot und Brötchen wie vom Bäcker

Zum Frühstück ein knuspriges Brötchen. Eine belegte Stulle für unterwegs. Das Baguette zum Grillen. Niemand will und soll alle lieb gewonnenen Gewohnheiten abwerfen, nur weil weniger Kohlenhydrate auf dem Plan stehen. Muss man auch nicht, denn die kohlenhydratarmen Mehlalternativen sind inzwischen in vielfältiger Auswahl verfügbar und ermöglichen eine Auswahl an Low-Carb-Broten und -Brötchen, die wirklich staunen lässt und bei der kein Wunsch offenbleibt. Treten Sie ein, denn nun sind Sie angekommen, im siebten Low-Carb-Brothimmel.

Kürbiskernbrötchen

6 Brötchen

250 g Quark, 20 % Fett
3 Eier, Größe M
50 g Haferkleie
25 g Eiweißpulver, Natural
25 g Goldleinsamen, geschrotet (alternativ dunkle Leinsamen, geschrotet)
20 g Kokosmehl
25 g Flohsamenschalen
30 g Kürbiskerne
½ TL Guarkernmehl
1 TL Backpulver
1 TL Salz
10 g Kürbiskerne, zum Bestreuen

Einfach und lecker …

Den Backofen auf 175 °C Umluft vorheizen.

Alle Zutaten für den Teig in einer Schüssel mischen. Aus dem Teig 6 Brötchen formen, Backpapier auf ein Backblech legen und die Teiglinge darauflegen. Einige Kürbiskerne darüberstreuen. Für 30 Minuten backen.

Nährwerte pro Stück:
Kilokalorien: 185, Fett: 9,1 g, Kohlenhydrate: 7,2 g, Eiweiß: 16,0 g

Erdnussbrot

Eine Kastenform mit 20 Zentimetern Länge. Ergibt etwa 16 Scheiben

300 ml Mineralwasser, mit Kohlensäure
100 g Erdnussmus
3 Eier, Größe M
60 g Goldleinsamenmehl, entölt
30 g Kartoffelfasern
75 g Haferkleie
50 g Eiweißpulver, Natural
40 g Chiasamen
40 g Hanfsamen, geschält (alternativ Goldleinsamen, geschrotet)
3 TL Backpulver
1 ½ TL Salz

Den Backofen auf 175 °C Umluft vorheizen.

Alle Zutaten zu einem Teig verrühren und diesen für einige Minuten quellen lassen. Anschließend in eine mit Backpapier ausgekleidete kleine Kastenform füllen.

Das Brot für 55–60 Minuten im Ofen backen. Nach der Hälfte der Backzeit mit Alufolie abdecken, damit das Brot nicht zu dunkel wird.

Nährwerte pro Scheibe:
Kilokalorien: 124, Fett: 6,7 g, Kohlenhydrate: 4,2 g, Eiweiß: 9,2 g

Aromatisch erdnussig …

Hüttenkäse-Brötchen

9 Brötchen

400 g Hüttenkäse/körniger Frischkäse, 20 % Fett
3 Eier, Größe M
30 g Goldleinsamenmehl, entölt
50 g Kokosmehl
25 g Flohsamenschalen
½ TL Guarkernmehl
25 g Chiasamen
25 g Hanfsamen, geschält (alternativ Goldleinsamen, geschrotet)
2 TL Backpulver
1 TL Salz
1 EL heller Balsamico-Essig

Den Backofen auf 175 °C Umluft vorheizen.

Alle Zutaten in eine Rührschüssel geben und zu einem Teig verrühren. Den Teig einige Minuten quellen lassen und dann mit nassen Händen 9 kleine runde Brötchen (circa 80 g Teig pro Brötchen) formen. Die Teiglinge auf ein mit Backpapier belegtes Blech legen und für 30 Minuten backen.

Hüttenkäse ist eine tolle Eiweißquelle …

Nährwerte pro Stück:
Kilokalorien: 131, Fett: 6,6 g, Kohlenhydrate: 2,2 g, Eiweiß: 11,8 g

Kichernde Sesambrötchen

6 Brötchen

30 g Sesam, ungeschält
1 EL Sesam, ungeschält, zum Bestreuen
250 g Magerquark
3 Eier, Größe M
50 g Kichererbsenmehl
65 g Haferkleie
50 g Eiweißpulver, Natural
1 TL Guarkernmehl
1 ½ TL Backpulver
½ TL Erythrit
1 TL Salz

Kichererbsenmehl und Sesam geben den besonderen Geschmack …

Den Backofen auf 175 °C Umluft vorheizen.

Den Sesam in einer Pfanne ohne zusätzliches Fett goldgelb rösten. Einen Esslöffel des Sesams zur Seite stellen, da er erst zum Bestreuen benötigt wird.

Alle Zutaten für die Brötchen in eine Rührschüssel geben und zu einem Teig vermengen. Den Brötchenteig einige Minuten quellen lassen. Ein Backblech mit Backpapier auslegen. Mit einem Teigspatel oder den nassen Händen 6 Portionen Teig auf dem Blech verteilen.

Die ungebackenen Brötchen mit einem Esslöffel Sesam bestreuen und für 25–30 Minuten backen.

Nährwerte pro Stück:
Kilokalorien: 212, Fett: 8,1 g, Kohlenhydrate: 12,5 g, Eiweiß: 20,6 g

Rustikales Bauernbrot

Ein runder Laib Brot. Ergibt etwa 12 Scheiben

250 ml Dickmilch (alternativ Joghurt, 3,5 % Fett)
3 Eier, Größe M
25 ml heller Balsamico-Essig
1 TL Senf, mittelscharf
50 g Goldleinsamenmehl, entölt
50 g Kartoffelfasern
50 g Eiweißpulver, Natural
20 g Flohsamenschalen
2 TL Backpulver
2 TL Brotgewürz
1 TL Salz
1 EL Kartoffelfasern, zum Bestäuben

Den Backofen auf 175 °C Umluft vorheizen.

Sehr herzhaft und würzig ist dieses Brot …

Alle Zutaten bis auf die Kartoffelfasern in eine Rührschüssel geben und zu einem Teig verrühren. Diesen für 5 Minuten quellen lassen. Teig rund und bauchig wie ein Brot formen und auf ein mit Backpapier bedecktes Blech legen. Das ungebackene Brot mit den restlichen Kartoffelfasern bestäuben.

Anschließend kreuzweise einschneiden und für 50–55 Minuten backen.

Nährwerte pro Scheibe:
Kilokalorien: 78, Fett: 2,7 g, Kohlenhydrate: 2,5 g, Eiweiß: 8,0 g

Nussbrötchen

6 Brötchen

200 ml Mineralwasser, mit Kohlensäure
2 Eier, Größe M
65 g Haferkleie
40 g Eiweißpulver, Natural
25 g Goldleinsamenmehl, entölt
25 g Macadamiamehl, teilentölt
10 g Flohsamenschalen
40 g Nüsse, gehackt (Walnüsse, Haselnüsse, Pekannüsse, Paranüsse, Macadamia, gemischt nach Geschmack)
1 TL Salz
½ TL Guarkernmehl
1 ½ TL Backpulver

Den Backofen auf 175 °C Umluft vorheizen.

Alle Zutaten auf einen Schlag in eine Rührschüssel geben und vermengen. Anschließend für 5–10 Minuten stehen und den Teig quellen lassen. Dann mit einem Teigspatel oder großen Löffel 6 Portionen auf ein mit Backpapier belegtes Backblech geben und die Brötchen für 25–30 Minuten backen.

Ein aromatisches Frühstücksbrötchen …

Nährwerte pro Stück:
Kilokalorien: 174, Fett: 8,9 g,
Kohlenhydrate: 7,7 g, Eiweiß: 13,3 g

Toastbrot Goldstück

Eine Kastenform mit 20 Zentimetern Länge. Ergibt etwa 16 Scheiben

200 g Joghurt, 3,5 % Fett
150 ml Mineralwasser, mit Kohlensäure
4 Eier, Größe M
100 g Haferkleie
60 g Eiweißpulver, Natural
50 g Goldleinsamenmehl, entölt
30 g Kokosmehl
30 g Kartoffelfasern
3 TL Backpulver
1 ½ TL Salz

Den Backofen auf 180 °C Umluft vorheizen.

Alle Zutaten in einer Rührschüssel zu einem Teig verrühren und diesen für 5–10 Minuten quellen lassen.

Den Teig in eine mit Backpapier ausgelegte Kastenform füllen. Einmal längs einschneiden und anschließend für 55–60 Minuten backen. Wenn das Brot zu dunkel wird, mit etwas Alufolie abdecken.

Die Menge an Teig reicht auch für eine 24 Zentimeter lange Form, dann werden die Scheiben jedoch weniger hoch.

Nährwerte pro Scheibe:
Kilokalorien: 85, Fett: 2,8 g,
Kohlenhydrate: 4,8 g, Eiweiß: 8,0 g

Das fluffige Toastbrot kommt gülden daher …

Mohnbrötchen

5 Brötchen

250 g Magerquark
3 Eier, Größe M
30 g Mandelmehl, nicht entölt
35 g Goldleinsamenmehl, entölt
30 g Flohsamenschalen
35 g Eiweißpulver, Natural
30 g Mohn, ganz
1 ½ TL Backpulver
1 TL Salz
½ TL Guarkernmehl
Mohn, zum Bestreuen der Brötchen

Den Backofen auf 175 °C Umluft vorheizen.

Alle Zutaten in eine Rührschüssel geben und zu einem Teig verrühren. Diesen für 5–10 Minuten quellen lassen. Dann mit nassen Händen 5 Brötchen formen und diese auf ein mit Backpapier belegtes Blech legen.

Da ist Mohn nicht nur drauf, sondern auch drin …

Mit einem Messer die Brötchen etwa 5 mm tief kreuzweise einschneiden und noch etwas Mohn über die Brötchen streuen. Anschließend für 30 Minuten backen.

Nährwerte pro Stück:
Kilokalorien: 213, Fett: 10,3 g, Kohlenhydrate: 3,7 g, Eiweiß: 21,2 g

Lieblingsbaguette

2 größere Baguettes. Ergibt 8 Portionen als Beilagenbrot

40 g Sesam, ungeschält
1 EL Sesam, ungeschält, zum Bestreuen der Baguettes
125 g Joghurt, 3,5 % Fett
100 ml Mineralwasser, mit Kohlensäure
4 Eier, Größe M
100 g Karotte, fein geraspelt
100 g Zucchini, das Fruchtfleisch ohne Kerne, fein geraspelt
2 Knoblauchzehen, frisch gepresst
90 g Haferkleie
50 g Eiweißpulver, Natural
50 g Goldleinsamenmehl, entölt
30 g Kokosmehl
30 g Kartoffelfasern
3 TL Backpulver
½ TL Guarkernmehl
1 ½ TL Gemüsebrühepulver
½ TL Salz
1 TL Erythrit
1 TL Kurkuma (weglassen, wenn die gelbe Farbe nicht gefällt)
1 Msp. Pfeffer, gemahlen

Aromatisch und superlecker zum Grillen …

Den Backofen auf 175 °C Umluft vorheizen.

Den Sesam in einer Pfanne ohne zusätzliches Fett goldgelb rösten. Einen Esslöffel des Sesams zur Seite stellen, da er erst zum Bestreuen benötigt wird.

Alle Zutaten für das Baguette in einer Rührschüssel zu einem Teig verrühren und diesen für 5–10 Minuten quellen lassen. Dann den Teig als 2 Baguettes in einem speziellen Baguetteblech oder mit der Hand geformt auf dem normalen mit Backpapier belegten Backblech für 30–35 Minuten backen. Vorher die Baguettes einschneiden und mit dem restlichen Sesam bestreuen.

Nährwerte pro Portion:
Kilokalorien: 200, Fett: 8,2 g, Kohlenhydrate: 10,3 g, Eiweiß: 16,2 g

Haferkleie-Kartoffel-Brödli

8 Minibrote, in einer Brownieform gebacken

250 g Magerquark
20 ml Olivenöl, nativ extra
3 Eier, Größe M
60 g Haferkleie
20 g Eiweißpulver, Natural
25 g Kartoffelfasern
25 g Hanfsamen, geschält
25 g Goldleinsamen, geschrotet
(alternativ fein gehackte Walnüsse)
1 ½ TL Backpulver
1 TL Salz
1 TL Erythrit
¼ TL Muskatnuss, frisch gerieben

Kleine eckige Minibrote …

Den Backofen auf 175 °C Umluft vorheizen.

Alle Zutaten in eine Rührschüssel geben und zu einem Teig verarbeiten. Diesen für 5–10 Minuten quellen lassen. Den Teig anschließend portionsweise in eine (Silikon-)Brownieform füllen und für 30 Minuten backen.

Der Teig lässt sich auch in Form von Brötchen backen, dann werden etwa 6 schmackhafte Brötchen daraus.

Nährwerte pro Stück:
Kilokalorien: 150, Fett: 7,8 g, Kohlenhydrate: 6,5 g, Eiweiß: 11,4 g

Graubrot Integrale

Eine Kastenform mit 20 Zentimetern Länge. Ergibt etwa 16 Scheiben

375 ml Mineralwasser, mit Kohlensäure
3 Eier, Größe M
95 g Haferkleie
75 g Eiweißpulver, Natural
45 g Kartoffelfasern
45 g Kokosmehl
30 g Flohsamenschalen
1 TL Salz
½ TL Guarkernmehl
3 TL Backpulver

Den Backofen auf 175 °C Umluft vorheizen.

Alle Zutaten in eine Rührschüssel geben und zu einem Teig verrühren. Den Teig für 5–10 Minuten quellen lassen. Eine kleine Kastenform mit Backpapier auskleiden und den Brotteig hineinfüllen. Einmal längs mit einem Messer einschneiden. Dann das Kastenbrot für 45–50 Minuten backen. Bei Bedarf mit Alufolie abdecken, wenn das Brot zu dunkel wird.

Nährwerte pro Scheibe:
Kilokalorien: 72, Fett: 1,8 g,
Kohlenhydrate: 4,2 g, Eiweiß: 7,0 g

Ein körnerfreies helles Mischbrot mit reichlich Ballaststoffen …

Apfel-Walnuss-Hüttenkäsebrot

Ein Brotlaib. Ergibt etwa 18 Scheiben

300 g Hüttenkäse/körniger Frischkäse, 20 % Fett
3 Eier, Größe M
100 g Apfel, grob geraspelt
40 g Walnussmehl, entölt (alternativ dunkles Leinsamenmehl)
60 g Haferkleie
40 g Eiweißpulver, Natural
15 g Flohsamenschalen
40 g Walnüsse, gehackt
2 TL Backpulver
½ TL Guarkernmehl
1 TL Salz

Den Backofen auf 175 °C Umluft vorheizen.

Alle Zutaten in eine Rührschüssel geben und zu einem Teig verrühren. Den Teig für 5–10 Minuten quellen lassen und dann mit nassen Händen in einer Größe von etwa 10 × 20 Zentimetern wie ein Brot formen. Den ungebackenen Brotlaib auf ein mit Backpapier belegtes Blech legen und mehrfach quer mit einem Messer einschneiden.

Kräftig herb und apfelig fein ...

Anschließend für 50–55 Minuten backen und abkühlen lassen.

Nährwerte pro Scheibe:
Kilokalorien: 82, Fett: 4,2 g, Kohlenhydrate: 3,8 g, Eiweiß: 6,7 g

5-Zutaten-Chia-Goldleinbrötchen

5 Brötchen

100 g Magerquark
100 ml Mineralwasser, mit Kohlensäure
2 Eier, Größe L
75 g Haferkleie
50 g Goldleinsamenmehl, entölt
25 g Chiasamen
1 TL Backpulver
1 TL Salz

Den Backofen auf 175 °C Umluft vorheizen.

Die Zutaten in eine Schüssel geben, einen Teig rühren und diesen für 5–10 Minuten quellen lassen. Dann mit nassen Händen 5 Brötchen formen und diese auf ein mit Backpapier belegtes Blech geben.

Die Brötchen kreuzweise einschneiden und anschließend für 30 Minuten backen.

Nährwerte pro Stück:
Kilokalorien: 160, Fett: 6,0 g, Kohlenhydrate: 9,8 g, Eiweiß: 12,4 g

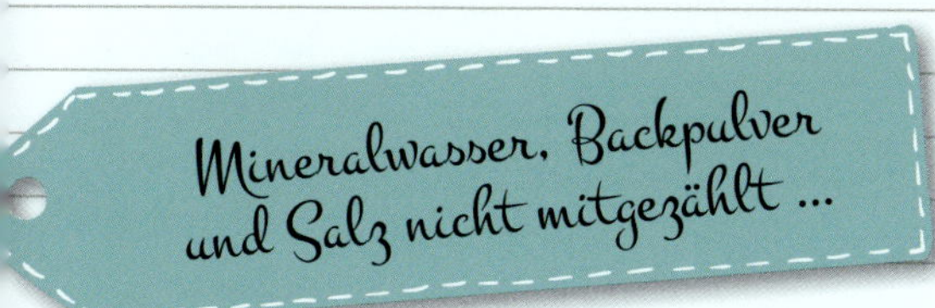

Low-Carb-Krustenbrot

Ein Laib Brot. Ergibt etwa 24 Scheiben

250 g Skyr (alternativ 225 g Magerquark und 25 g Joghurt, gemischt)
150 ml Mineralwasser, mit Kohlensäure
25 ml Olivenöl, nativ extra
4 Eier, Größe M
125 g Haferkleie
65 g Eiweißpulver, Natural
65 g Goldleinsamenmehl, entölt
35 g Traubenkernmehl (alternativ Walnussmehl, entölt)
50 g Kürbiskerne
3 TL Backpulver
1 ½ TL Salz
1 EL Kartoffelfasern, optional, zum Bestreuen

Den Backofen auf 180 °C Umluft vorheizen.

Alle Zutaten in einer Rührschüssel zu einem Teig verrühren und diesen für 5–10 Minuten quellen lassen. Dann den Teig mit nassen Händen zu einem ovalen Laib formen und das Teigbrot auf ein mit Backpapier belegtes Backblech legen.

Low-Carb-Zutaten unterliegen immer leichten Schwankungen. Sollte der Teig am Ende noch zu weich sein und nicht als Laib formbar, dann einfach von den trockenen Zutaten noch etwas zusätzlich zufügen oder einen Teelöffel Guarkernmehl mit in den Brotteig rühren.

Das Brot mehrfach quer einschneiden und anschließend für 55–60 Minuten backen.

Wenn das Brot vor dem Backen mit Kartoffelfasern bestreut wird, sieht es hinterher besonders appetitlich aus.

Nährwerte pro Scheibe:
Kilokalorien: 83, Fett: 3,6 g, Kohlenhydrate: 4,0 g, Eiweiß: 7,2 g

Ein lockeres, herzhaftes Brot mit Kruste ...

Rezeptübersicht

Süßes Frühstück – nahrhaft und lecker

Schoko-Müsliriegel 28
Zwetschgen-Pekankrokant-Protein-Schokomuffins 29
Quarkteilchen 30
Haferkleie-Eiweiß-Himbeerbrötchen 32
Low-Carb-Bananenbrot 33
Schokoladenstuten 34

Rührkuchen sind immer beliebt

Versunkener Rhabarberkuchen 36
Haselnuss-Schokoladen-Kuchen 38
Himbeer-Streuselkuchen 40
Erdnuss-Marmorkuchen 42
Rotwein-Gewürzkuchen mit Kirschen 44
Low-Carb-Pfirsichkuchen 45
Zitronen-Kastenkuchen 46
Rote-Bete-Schokoladenkuchen im Glas 48
Karottenkuchen mit Frischkäsecreme 50
Buttermilch-Kokos-Kuchen 52

Lieblingskuchen ganz Low Carb

Apfel-Schmandkuchen 55
Kokos-Schoko-Kuchen 56
Triple-Chocolate-Cake mit Frosting 58
Mandarinen-Schmandbödchen 60
Schokosahnerolle 62
Kinderschoki-Cheesecake 64
Haselnuss-Striezel 66
Maulwurfkuchen 68
Low-Carb-Bienenstich 70
Low-Carb-Donauwelle 72

Gebackene Kleinigkeiten, so sweet

Low-Carb-Mandelecken 76
Quarkschnecken 78
Low-Carb-Kreppel 80
Haferkekse mit Schokolade 82
Mohn-Schmandküchlein mit Johannisbeeren 83
Fruchtige Himbeer-Joghurtschnitten 84
Prinzessinnenrolle 86
Low-Carb-Granatsplitter 88

Ei verditscht – herzhafte Backwaren für alle

Zwiebelkuchenpizza 92
Schinken-Käse-Scones 94
Odenwälder Flammkuchen 96
Schlemmerzungen Andalus 98
Deftiger Spitzkohlkuchen 100
Gezwirbelte Käsestangen 102
Cheddar-Süßkartoffel-Vesperbrötchen 104

Brot und Brötchen wie vom Bäcker

Kürbiskernbrötchen 106
Erdnussbrot 107
Hüttenkäse-Brötchen 108
Kichernde Sesambrötchen 109
Rustikales Bauernbrot 110
Nussbrötchen 111
Toastbrot Goldstück 112
Mohnbrötchen 113
Lieblingsbaguette 114
Haferkleie-Kartoffel-Brödli 116
Graubrot Integrale 117
Apfel-Walnuss-Hüttenkäsebrot 118
5-Zutaten-Chia-Goldleinbrötchen 119
Low-Carb-Krustenbrot 120

Zutatenregister

A

Apfel: 55, 96, 118

B

Bacon: 96, 100 f.,

Balsamico-Essig, hell: 98 f., 108, 110

Bananen: 33

Bitterschokolade, zuckerfrei: 82, 89 f.

Bourbonvanille: 45, 86

Brotgewürz: 110

Buttermilch: 52, 92

Butterschmalz: 80

C

Chai-Tee: 44

Cheddar: 104

Chiasamen: 107 f., 119

Chorizo: 98 f.

D

Dickmilch: 110

E

Eier: 29 f., 32 ff., 36 ff., 40, 43, 44 ff., 48 ff., 55 ff., 60, 62, 64, 66, 68 ff., 74, 76 f., 78, 80, 82 ff., 86, 88, 90, 92, 94, 96, 98, 100 ff., 104, 106 ff., 116 ff.

Eiweißpulver, Haselnuss: 38, 66

Eiweißpulver, Natural: 33 f., 92, 94, 98, 102, 104, 106 f., 109 ff., 116 ff., 120

Eiweißpulver, Schokolade: 28 f., 44, 58, 62, 64, 68

Eiweißpulver, Vanille: 30, 32 ff., 36, 38, 40, 42, 50, 52, 55, 60, 64, 66, 68, 70, 72, 76, 78, 80, 82 ff., 86, 88 f.

Erdbeeren: 68 f., 84

Erdnussmus: 42

Erythrit: 28 f.,30, 32 ff., 36, 38, 40, 42, 44 ff., 48, 50, 52 f., 55 f., 58, 60, 62 ff., 66, 68, 70 ff., 76, 78 ff., 84, 86, 88, 90, 96, 98 f., 109, 114, 116

F

Flohsamenschalen: 80, 92, 98, 106, 108, 110 f., 113, 117 f.

Frischkäse: 50 f., 58 f., 64

Frühlingszwiebel: 94

G

Gekochter Schinken: 94 f.

Gelatine: 60 f., 68 f., 84 f.

Gemüsebrühepulver: 114

Goldleinsamen, geschrotet: 106 ff., 116

Goldleinsamenmehl, entölt: 94, 98, 102, 104, 107 ff., 110 ff., 119, 120

Gouda, mittelalt: 94 ff.

Griechischer Joghurt: 58, 84, 104

Gruyère: 92 f.

Guarkernmehl: 30, 32 f., 40 f., 44 ff., 48, 50, 56, 62, 66 f., 78, 86, 88 f., 94, 100, 102, 104, 106, 108 f., 111, 113 f., 117 f., 121

H

Haferkleie: 28, 32, 82, 104, 106 f., 109, 111 f., 114, 116 ff.

Handkäse: 96
Hanfsamen, geschält: 107 f., 116
Harzer Käse: 96
Haselnüsse: 28, 38, 66 f., 111
Haselnussmus: 28
Heidelbeeren: 83
Himbeeren, TK, ungezuckert: 32, 40 f., 76 f., 80 f., 95
Hüttenkäse: 104, 108, 118

J
Joghurt: 98, 110, 112, 114, 120
Johannisbeeren: 83

K
Kakaofasern: 62
Kakaopulver: 28, 29, 42, 43, 44, 48, 49, 56, 58 f., 62, 64, 68, 72, 74, 89
Karamellsirup, zuckerfrei: 42, 66
Karotte: 50 f., 104, 114
Kartoffelfasern: 92, 96, 100, 107, 110, 112, 114, 116 f., 120 f.
Kichererbsenmehl: 109
Kirschtomaten: 98 f
Knoblauchgranulat: 104
Knoblauchzehen: 114
Kokosblütensirup: 30, 50, 70 f.
Kokosblütenzucker: 30, 50, 66, 70 f., 78
Kokosmehl: 29 f., 32, 34, 36 ff., 42, 44, 46, 48, 52, 56, 60, 62, 66, 68, 70, 72, 78, 80, 83 f., 88, 92, 94, 100, 106, 108, 112, 114, 117
Kokosmilch: 28, 56
Kokosmus: 56
Kokosöl: 52 f., 73 f., 76 f., 82, 89 f
Kokosraspel: 28 f., 52 f., 56
Körniger Frischkäse: 104, 108, 118
Kümmel: 92, 103
Kürbiskerne: 106, 120
Kurkuma: 114

L
Lebkuchengewürz: 44
Leinsamen, dunkel, geschrotet: 106, 118

M
Macadamias: 29, 111
Macademiamehl, teilentölt: 111
Magerquark: 30, 32, 96, 102, 109, 113, 116, 119 f.
Manchego: 98 f.
Mandarinen, Dose, ohne Zuckerzusatz: 60 f.
Mandelblättchen: 70 f.
Mandelmehl, entölt: 33 f., 36 ff., 40, 42, 44 f., 48, 50, 55, 58, 60, 64, 66, 68, 70, 72, 76, 78, 82, 84, 86, 88, 98
Mandelmehl, nicht entölt: 36 f., 40, 42, 44 ff., 48, 50, 52, 55 f., 58, 64, 72, 76 f., 82, 86, 88, 94, 100, 102, 113
Mango, ungezuckert: 66, 76
Mascarpone: 72, 74, 86 f.
Milch: 33 f., 36 f., 38, 42 f., 56 f., 62 f., 66 f., 68 ff., 74, 78, 84, 88, 90
Milchschokolade, zuckerfrei: 89
Mineralwasser, mit Kohlensäure: 94, 107, 111 f., 114, 117, 119 f.
Mohn: 83, 113
Mozzarella: 66 f., 78 f., 100
Muskatnuss: 116

N
Nüsse, gehackt: 111

O

Olivenöl: 92, 94, 100, 102, 116, 120
Oregano: 104

P

Paprikapulver: 92, 98 f., 102, 104
Parmesan: 102 f
Pekannüsse: 30, 111
Pfirsich: 45, 76
Puder-Erythrit: 36 f., 39, 44, 46 f., 56, 60, 62, 66 ff., 76 ff., 83 f., 86 ff.

Q

Quark: 29, 60 f., 68 f., 70 f., 78 f., 80, 84 f., 94, 106

R

Rhabarber: 36 f.
Rosenwasser: 76 f.
Rote Bete, gekocht: 48 f.
Rotwein, trocken: 44
Rum: 38, 88, 90
Rumaroma: 38, 88

S

Sahne: 33 f., 36 ff., 50 ff., 58 ff., 68 ff., 74, 84 ff., 90
Sauerkirschen, TK, ungezuckert: 36, 44, 72, 74
Schinkenspeck: 92
Schmand: 55, 60 f., 83, 92, 96, 100 f.
Schnittlauch: 96
Schokodrops, dunkel, zuckerfrei: 28 f., 34, 38, 48 f., 56 f., 58, 86
Schokodrops, weiß, zuckerfrei: 36 f., 64, 76 f.
Schokolade: 28 f., 34, 38, 48, 56, 58 f., 73 f.
Senf: 110
Sesam, ungeschält: 109, 114 f.
Skyr: 96, 120
Spitzkohl: 100 f.
Spitzpaprika, rot: 98
Stevia-Streupulver mit Erythrit: 29, 32 ff., 36, 40, 42, 44, 45 f., 48, 50, 52, 55 f., 58, 60, 62, 64, 66, 68, 70, 72 f., 78, 80, 82, 84, 86, 88
Stevia-Streusüße mit Erythrit: 28, 38, 76
Süßkartoffel: 104

T

Thymian: 100 f.
Tomatenmark, doppelt konzentriert: 98
Traubenkernmehl: 120
Trockenhefe: 66 f., 70 f., 78

V

Vanillesirup, zuckerfrei: 76 f.

W

Walnüsse: 32 f., 50, 111, 116, 118
Walnussmehl: 33, 50, 118, 120

Y

Yaconsirup: 50, 70 f.

Z

Zimt: 50
Zitrone, Bio: 46, 50, 60 f., 84 f.
Zitronensaft: 36 f., 46 f., 50 f., 66 f.
Zucchini: 114
Zwiebel: 92
Zwiebel, rot: 96, 98
Zwiebelgranulat: 104

Über die Autorin

Die gebürtige Odenwälderin Bettina Meiselbach startete mit einem betriebswirtschaftlichen Studium in das Berufsleben. 25 Jahre im Personalmanagement und einen Burn-out später, krempelte sie 2014 ihr Leben komplett um. Sie entdeckte die Low-Carb-Ernährung für sich, warf fast 60 Kilogramm Gewicht ab, wies ihre Diabetes-Typ-2-Erkrankung in die Schranken und ließ den alten Job hinter sich. Die begeisterte Hobbyköchin und Ernährungsexpertin begann den Blog HappyCarb.de zu schreiben – der sich schnell zu einem der meistgelesenen Low-Carb-Blogs im deutschsprachigen Raum entwickelte. Der folgende Schritt zur Buchautorin war danach nur noch ein ganz kleiner.

Bibliografische Information der Deutschen Nationalbibliothek
Die Deutsche Nationalbibliothek verzeichnet diese Publikation in der Deutschen Nationalbibliografie. Detaillierte bibliografische Daten sind im Internet über http://d-nb.de abrufbar.

Für Fragen und Anregungen
info@rivaverlag.de

Wichtiger Hinweis
Dieses Buch ist für Lernzwecke gedacht. Es stellt keinen Ersatz für eine individuelle medizinische Beratung dar und sollte auch nicht als solcher benutzt werden. Wenn Sie medizinischen Rat einholen wollen, konsultieren Sie bitte einen qualifizierten Arzt. Der Verlag und die Autorin haften für keine nachteiligen Auswirkungen, die in einem direkten oder indirekten Zusammenhang mit den Informationen stehen, die in diesem Buch enthalten sind.

Originalausgabe
1. Auflage 2019

Nymphenburger Straße 86
D-80636 München
Tel.: 089 651285-0
Fax: 089 652096

Redaktion: Bettina Peters
Umschlaggestaltung: Laura Osswald
Layout: rosavision, Simone Ruths, www.rosavision.de; Laura Osswald
Satz: inpunkt[w]o, Haiger (www.inpunktwo.de)
Fotografie: Bettina Meiselbach, Carsten Meiselbach, www.happycarb.de
Illustrationen: Rosavision, Simone Ruths, www.rosavision.de; Betti Avatar: Signyra, www.signyra.com; Freepik; shutterstock/Rolau Elena, Artefficient, nnnnae, miumi, KannaA, kidzuki, NotionPic
Druck: Florjancic Tisk d.o.o., Slowenien
Printed in the EU

ISBN Print 978-3-95814-135-3
ISBN E-Book (PDF) 978-3-95814-136-0
ISBN E-Book (EPUB, Mobi) 978-3-95814-137-7

Weitere Informationen zum Verlag finden Sie unter
www.rivaverlag.de
Beachten Sie auch unsere weiteren Verlage unter www.m-vg.de